Schülerbuch

Erarbeitet von
Mechtilde Balins
Claudia Drews
Rita Dürr
Nicole Franzen-Stephan
Ute Plötzer
Anne Strothmann
Margot Torke

Unter Beratung von
Christian Bussebaum,
Mathematisch-
Lerntherapeutisches
Institut Düsseldorf

Illustriert von
Friederike Ablang
Cleo-Petra Kurze
Martina Theisen

Gemeinsamer **Einstieg** in ein neues Thema

Wortspeicher: wichtige **Mathe-Wörter**

einfache Aufgabe

mittelschwere Aufgabe

schwierige Aufgabe

Offene Aufgabe für das **Lerntagebuch**

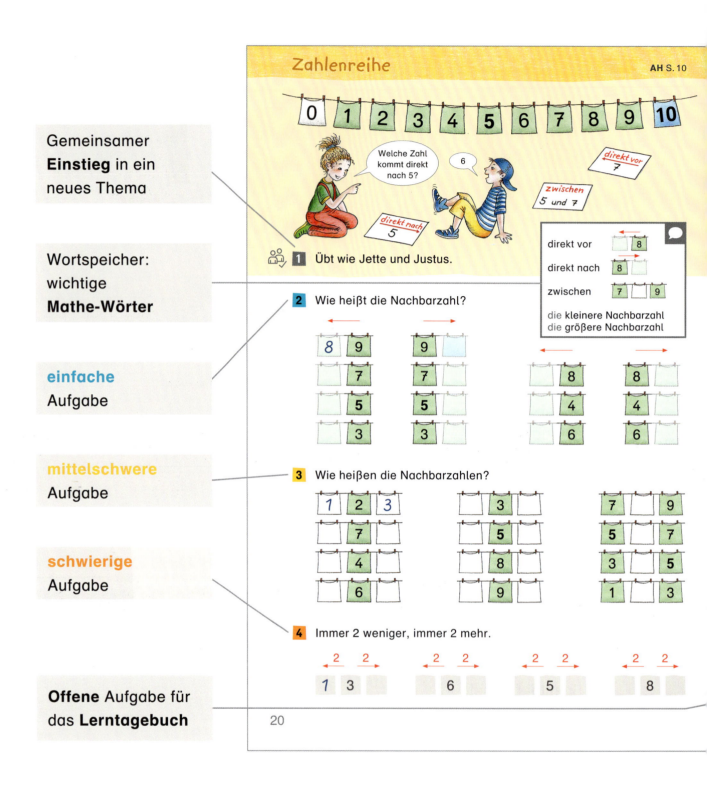

Sprachförderung und Medienkompetenz:

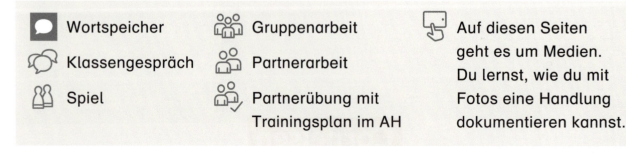

vorwärts zählen **rückwärts zählen**

So könnt ihr zu zweit üben. Den **Trainingsplan** findest du im Arbeitsheft.

5 Wie geht es weiter? Übt wie Justus und Jette.

6 Wie geht es weiter?

1	2							9				3		
5							5				6			
3						7						9		

7 Wie geht es weiter?

3	🐾	5				6	🐾					🐾		3
5	🐾					4	🐾				🐾	🐾	7
2	🐾					8	🐾					🐾	9
7	🐾					2	🐾				🐾	🐾	8

8 Immer 2 mehr: Wie geht es weiter?

2	4					7	9		10	12	
1	3					6	8			17	19
4	6					5	7			14	16

Wie weit kannst du zählen?

In deinem **Lerntagebuch** sind die Seiten weiß. So hast du viel Platz, um diese Aufgaben ganz **auf deine Weise** zu lösen.

Blaue Aufgaben bereiten dich auf gelbe Aufgaben vor.

Mit **gelben** Aufgaben übst du alle wichtigen Inhalte.

Orangefarbene Aufgaben sind manchmal knifflig und du musst ein bisschen nachdenken.

Benutze Material.	Kreuze an.	Schreibe so in dein Heft: 3 + 4 = 7
Male an.	Spure nach.	
Schneide aus.	Kreise ein.	Arbeite in deinem Lerntagebuch.
Markiere.	Verbinde.	

Inhaltsverzeichnis

Zahlen bis 10	Würfel legen und zählen	6
	Wir zählen	8
	Die Zahlen von 0 bis 10	10
	Mengen und Fingerbilder	12
	Schnellblick	13
	Gleich viele?	14
	Hamstern: Mengen vergleichen	16
	Wie viele mehr?	18
	Zahlenreihe	20
	Zahlen vergleichen	22
Orientierung im Raum, Figuren und Muster	Links – rechts, oben – unten	24
	Figuren legen und zeichnen	26
	Musterschlangen	28
Plus- und Minusaufgaben bis 10	Ein Ganzes – mehrere Teile	30
	Zerlegungen	32
	Zerlegungen üben	34
	10 gewinnt	36
	10 gewinnt üben	38
	Dreibild-Geschichten	40
	Plusaufgaben mit 5	42
	Plusaufgaben	43
	Plusaufgaben legen und malen	44
	Tauschaufgaben	46
	Minusaufgaben mit 5	48
	Minusaufgaben	49
	Minusaufgaben legen und malen	50
	Rechengeschichten	52
	Bauernhof – Aufgaben finden	54
	Umkehraufgaben	56
	3 Zahlen – 4 Aufgaben	58
	Die verdeckte Karte	59
	Platzhalteraufgaben	60
Flächenformen und Muster	Geometrische Formen erkennen	62
	Geometrische Formen beschreiben	64
	Figuren auslegen	66
	Muster erkennen und fortsetzen	68

Zahlen Rechnen Geometrie Sachrechnen Daten und Zufall

Zahlen bis 20

Plusaufgaben bis 10 üben ... 70
Minusaufgaben bis 10 üben ... 71
Zahlen bis 20 ... 72
Zahlenreihe ... 74
Zahlenfolgen ... 75
Zahlen vergleichen ... 76
Ordnungszahlen ... 78

Plus- und Minusaufgaben bis 20

Verwandte Aufgaben ... 80
Verdoppeln ... 82
Mit Verdopplungsaufgaben rechnen ... 83
Plustafel ... 84
Aufgaben mit der 10 ... 85
Zur 10 und dann weiter ... 86
Werkzeugkoffer für Rechenwege (+) ... 88
Minusaufgaben üben ... 90
Zur 10 und dann weiter ... 92
Mit der 10 ... 94
Ergänzen ... 95
Werkzeugkoffer für Rechenwege (−) ... 96

Daten und Zufall

Viele verschiedene Türme ... 98
Alles Zufall? ... 99
Schaubilder lesen und erstellen ... 100

Größen und Sachrechnen

Unser Geld – Cent ... 102
Unser Geld – Euro ... 104
Einkaufen und bezahlen ... 106
Bezahlen und Rückgeld ... 108
Einkaufsgeschichten dokumentieren ... 110
Uhrzeiten ablesen ... 112
Urwaldparty – Informationen entnehmen ... 114
Schulhof – fragen und rechnen ... 116
Wiese – Rechenfragen zuordnen ... 118
Strand – Antworten finden ... 119
Badesee – Sachaufgaben lösen ... 120

Entdecken und rechnen*

Rechenmauern bis 10 ... 122
Rechenmauern bis 20 ... 124
Der höchste Zielstein gewinnt ... 125
Entdeckerpäckchen (+) ... 126
Entdeckerpäckchen (−) ... 127
Rechendreiecke bis 10 ... 128
Rechendreiecke bis 20 ... 130

Zum Nachschlagen

Mathe-Lexikon ... 132
Plustafel zum Anmalen ... 136

* Diese Seiten können ab S. 61 bzw. S. 97 flexibel eingesetzt werden.

Würfel legen und zählen

 Lege Figuren wie Justus und Jette.

 Lege nach. Immer 4

 Lege nach.

Immer 5   Immer 10

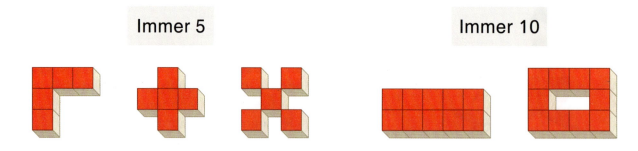

 Lege eigene Figuren. Immer 4   Immer 5   Immer 10   Immer ___

 Lege nach. Immer 9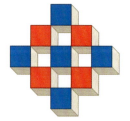

6 Lege eigene Figuren. Immer 9

7 Kreise ein.

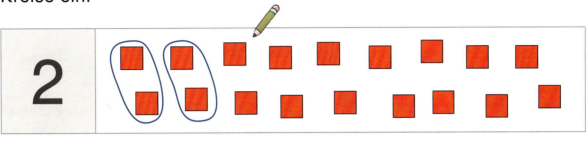

8 Kreise ein.

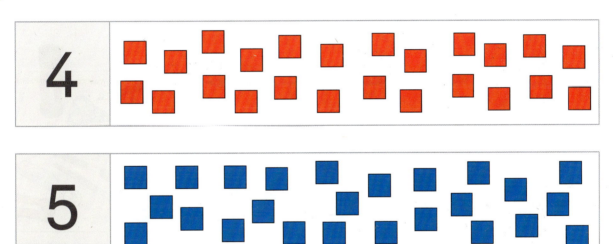

9 Übt wie Justus und Jette.

Wir zählen

AH S. 3

Ich zähle.
Zusammen sind es …

1 Wie zählt Justus?

2 Zähle wie Justus. Zusammen sind es …

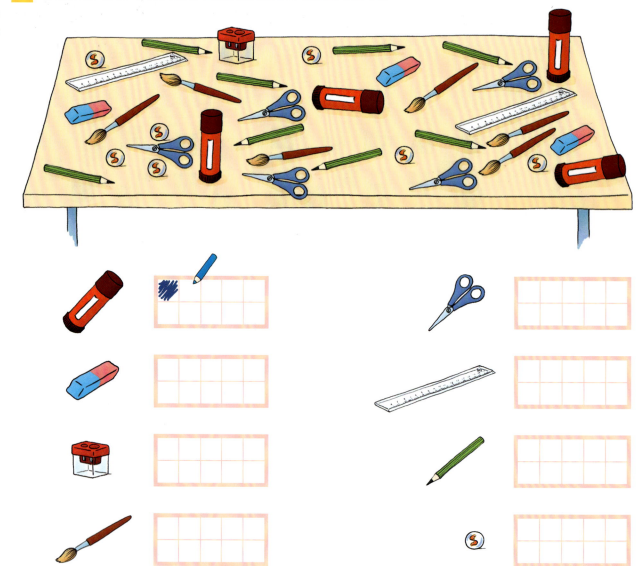

Beilage zum Schülerbuch: Zehnerfeld und Plättchen

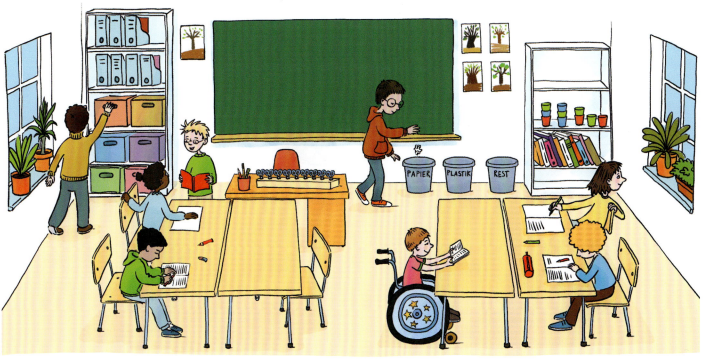

3 Zähle. Zusammen sind es …

4 Zähle. Zusammen sind es …

5 Zähle. Zusammen sind es …

 Was siehst du in deinem Klassenraum?

Die Zahlen von 0 bis 10

AH S. 4, 5, 82–91

1 Verbinde und male an.

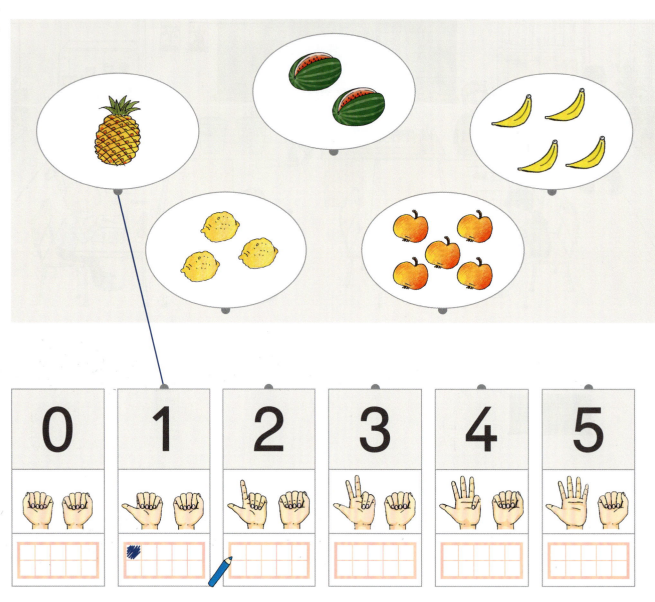

2 Male.

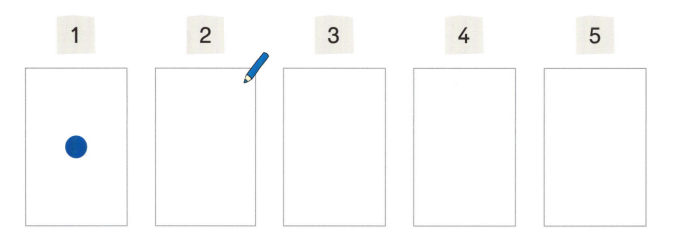

Welche Zahlen kennst du noch? Schreibe und male.

Mengen und Fingerbilder

 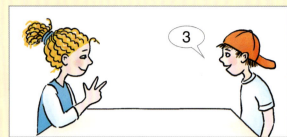

 1 Übt wie Jette und Justus.

2 Verbinde.

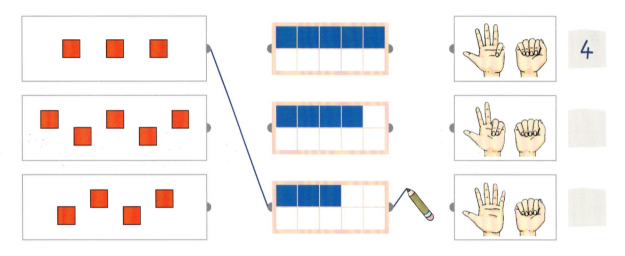

3 Verbinde.

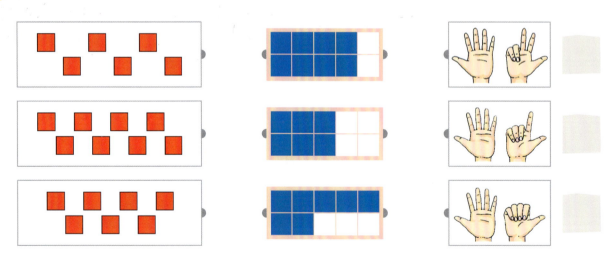

4 Male.

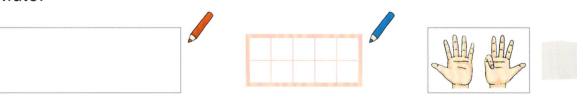

Schnellblick

 1 Übt wie Justus und Jette „Schnellblick".

2 Wie viele sind es?

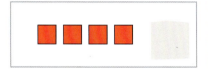  

3 Wie viele sind es?

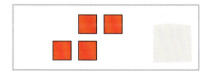  

 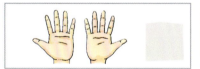 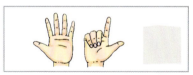

4 Immer 6: Male.

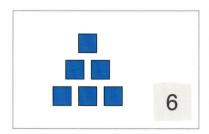  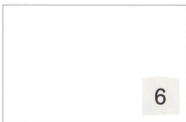

Gleich viele?

AH S. 6, 7

1 Erzähle. Gleich viele? ☺ ☹

mehr als
weniger als
gleich viele

2 Gleich viele?

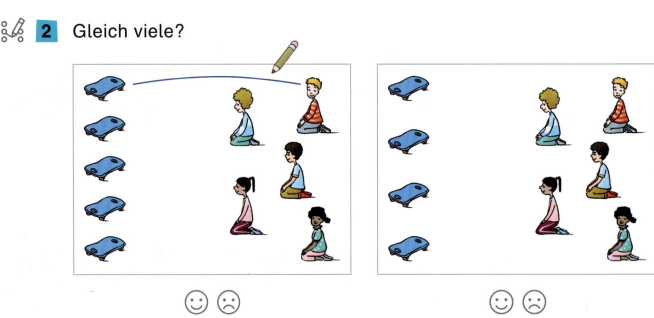

☺ ☹ ☺ ☹

3 Gleich viele?

☺ ☹ ☺ ☹

4 Gleich viele: Male dazu.

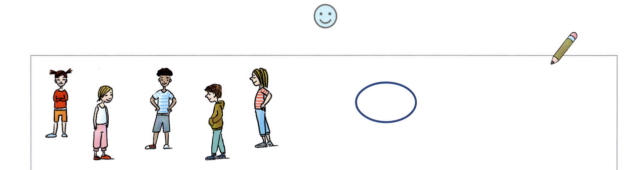

5 Gleich viele: Wie viele 🛹 fehlen?

Hamstern: Mengen vergleichen

AH S. 8

vorbereiten

würfeln und legen

würfeln und legen

„Ich habe 2 Würfel mehr als du."
vergleichen

„2 Würfel für mich."
hamstern

abräumen, neues Spiel ...

1 Wie geht das Spiel „Hamstern"? Erkläre.
Spiele „Hamstern" mit einem Partnerkind.

mehr als
weniger als
gleich viele

„Gleich viele Würfel: Abräumen und neu würfeln!"

16

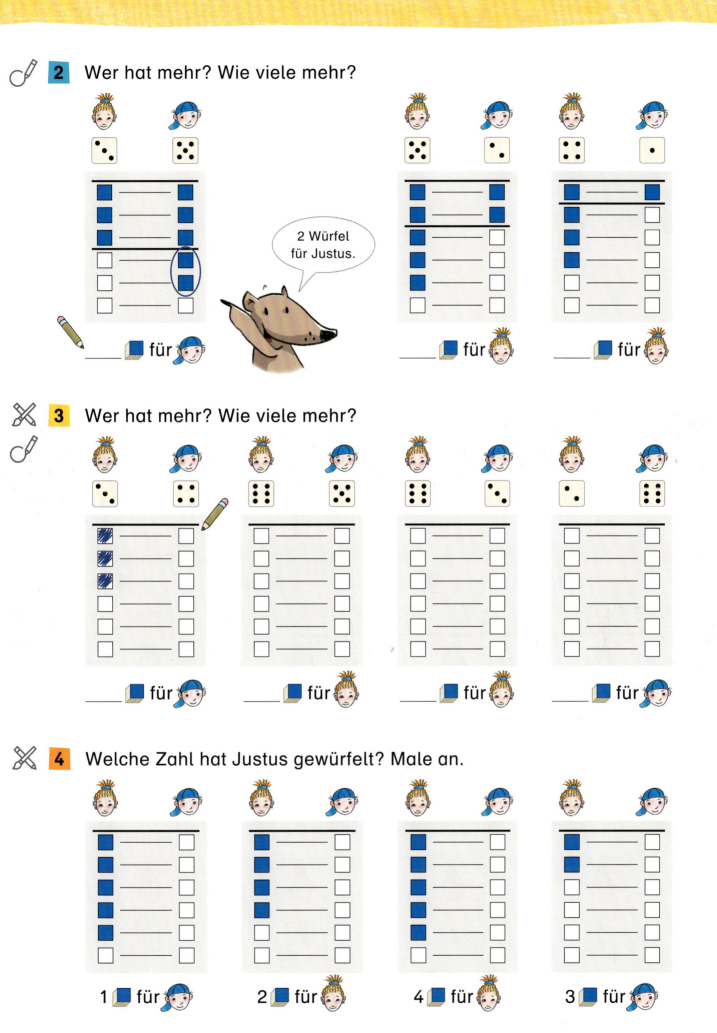

Wie viele mehr?

AH S. 9

1 Wer hat mehr? Wie viele mehr?

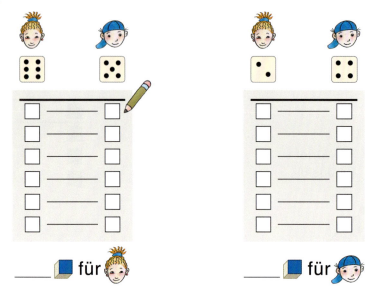
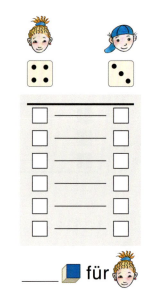

2 Wer hat mehr? Wie viele mehr? Notiere.

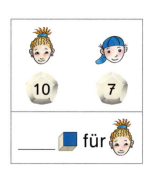
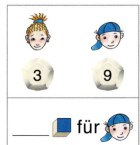

3 Wer hat mehr? Wie viele mehr? Notiere.

| 9 | 6 | 4 | 8 | 10 | 7 | 3 | 9 |

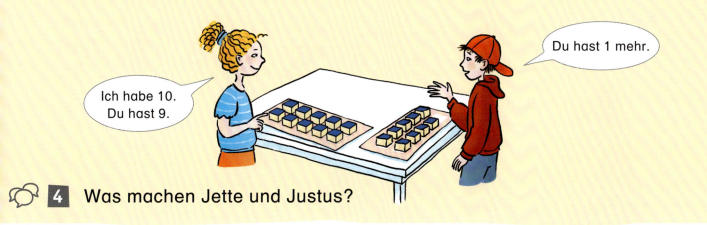

4 Was machen Jette und Justus?

5 Wie viele sind es?

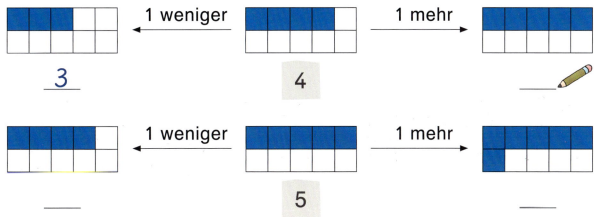

6 Wie viele sind es?

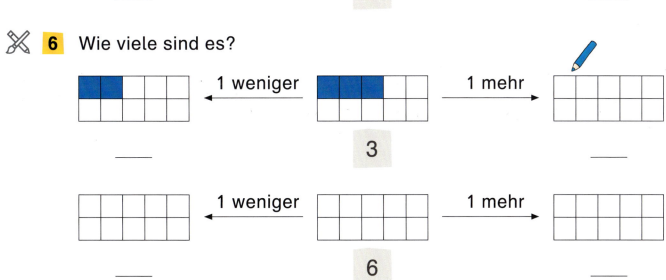

7 Welche Zahl ist größer? Kreise ein. Wie viel größer? Notiere.

3 ⓖ _3_   7 6 ___   7 10 ___

9 4 ___   2 8 ___   6 9 ___

Zahlenreihe

AH S. 10

1 Übt wie Jette und Justus.

2 Wie heißt die Nachbarzahl?

3 Wie heißen die Nachbarzahlen?

4 Immer 2 weniger, immer 2 mehr.

vorwärts zählen   **rückwärts zählen**

 5 Wie geht es weiter? Übt wie Justus und Jette.

6 Wie geht es weiter?

1	2					9			3	
5						5			6	
3						7				9

7 Wie geht es weiter?

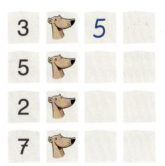
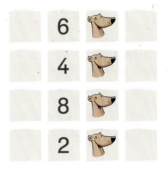

8 Immer 2 mehr: Wie geht es weiter?

2	4				7	9	10	12	
1	3				6	8		17	19
4	6				5	7		14	16

Wie weit kannst du zählen?

Zahlen vergleichen

AH S. 11

1 Wie geht das Spiel? Erkläre.
Spielt wie Jette und Justus.

 Zahlen **vergleichen**
6 **ist größer als** 2.
2 **ist kleiner als** 6.
1 **ist gleich** 1.

 2 Welche Zahl gewinnt?

4	⑥		5	9		6	7		8	3		7	5
5	2		7	8		4	2		6	9		4	7
1	0		8	6		3	4		9	10		5	8

So **sprechen** die Mathematiker.

So **schreiben** die Mathematiker.

5 ist größer als 2.	5 > 2
3 ist kleiner als 8.	3 < 8
3 ist gleich 3.	3 = 3

3 Schreibe.

> > > >
< < < <
= = = =

22 Beilage zum Schülerbuch: Zahlenkarten

4 Vergleiche: >, <, =

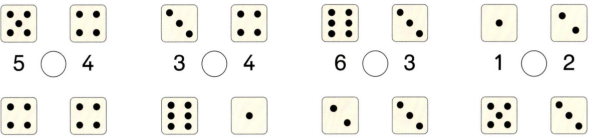

5 Vergleiche: >, <, =

Die Zahlenreihe hilft.

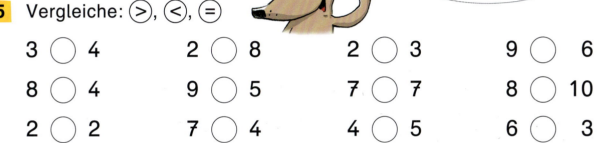

6 Finde eine passende Zahl.

5 < ___	6 > ___	___ > 7	6 = ___
3 < ___	8 > ___	___ > 4	7 < ___
7 < ___	5 > ___	___ > 9	3 > ___

7 Male die passenden Zahlen an.

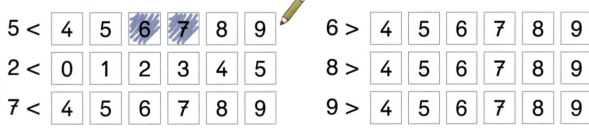

8 Nimm nur: 2 4 5 8 10 . Finde alle Möglichkeiten.

___ > ___   ___ > ___   ___ > ___   ___ > ___

___ > ___   ___ > ___   ___ > ___   ___ > ___

___ > ___   ___ > ___

Links – rechts, oben – unten

AH S. 12

links
rechts
oben
unten
oben links
oben rechts
unten links
unten rechts

1 Wo sind die Spielsachen? Kreuze an.

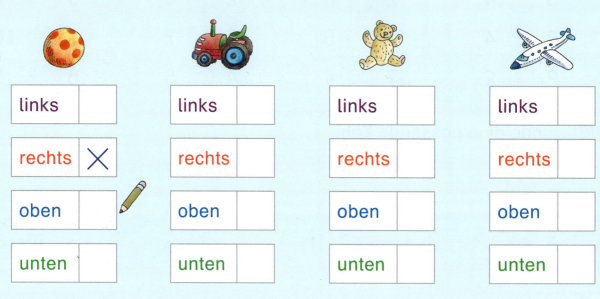

2 Wo ist der Ball? Kreuze an.

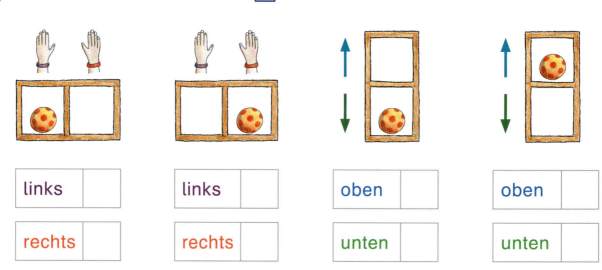

3 Wo sind die Dinge? Kreuze an.

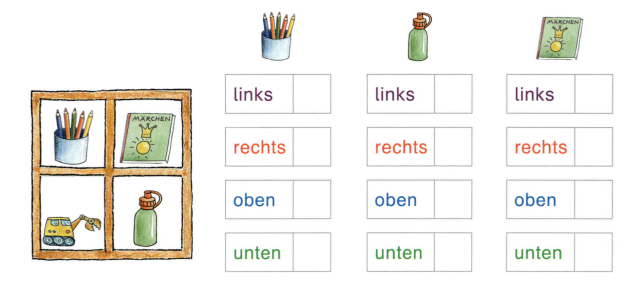

 4 Wo sind die Dinge? Kreuze an.

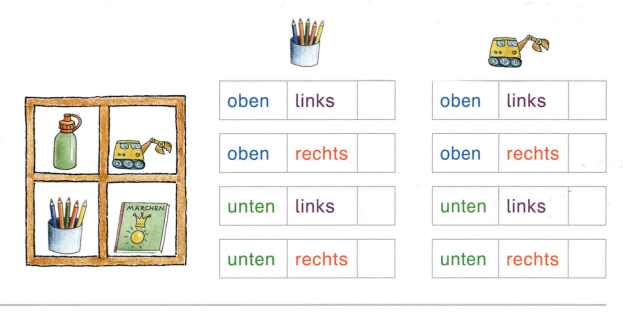

5 Übt wie Justus und Jette.

Figuren legen und zeichnen

AH S. 13

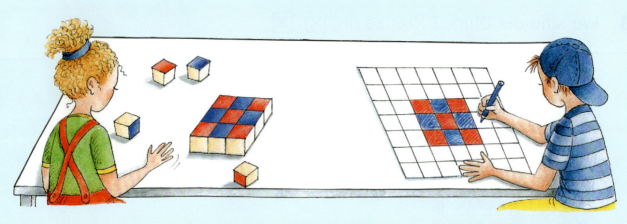

1 Was machen Jette und Justus? Erkläre.

2 Lege nach und male.

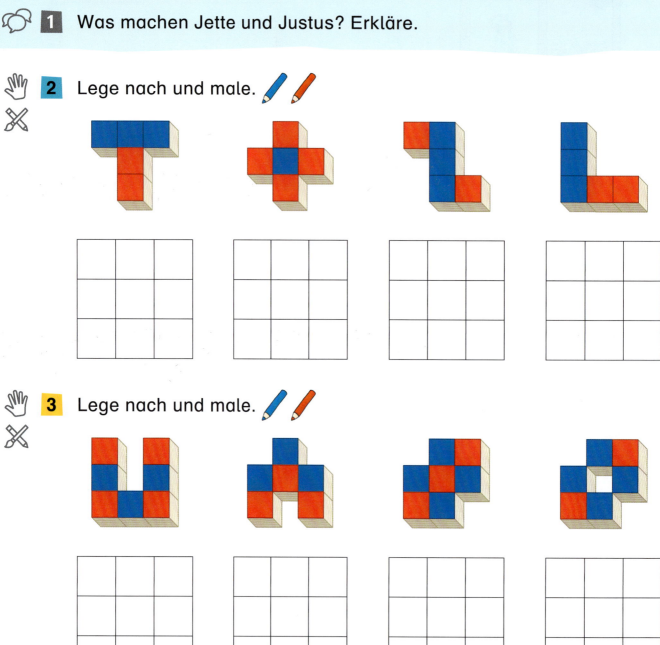

Lege eigene Figuren und male.

4 Lege nach.

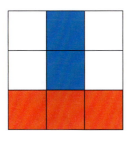 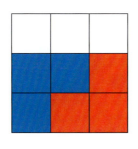 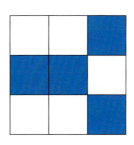 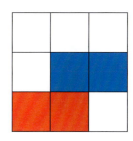

 5 Lege nach.

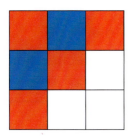 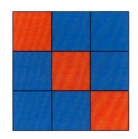 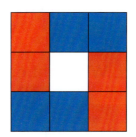 

 6 Übt wie Jette und Justus.

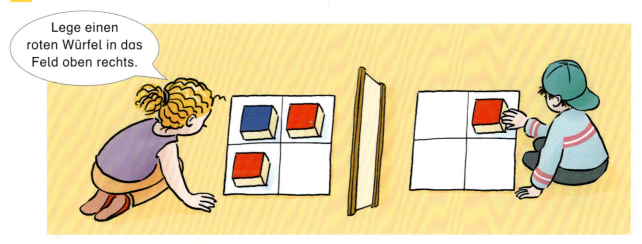

Lege einen roten Würfel in das Feld oben rechts.

 7 Übt wie Jette und Justus.

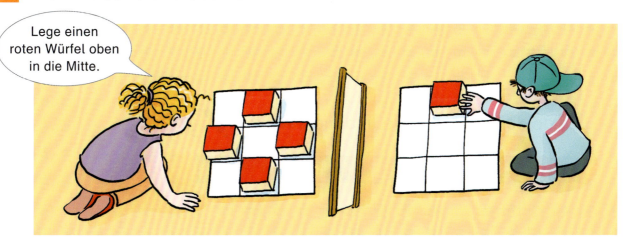

Lege einen roten Würfel oben in die Mitte.

Musterschlangen

AH S. 14

> Immer abwechselnd 2 rote und 2 blaue Würfel.

1 Was machen Jette und Justus? Erzähle.

| das Muster |
| die Regel |
| abwechselnd |
| immer |

2 Lege und male. Wie geht es weiter?

3 Lege und male. Wie geht es weiter?

4 Finde den Fehler. Lege und male richtig.

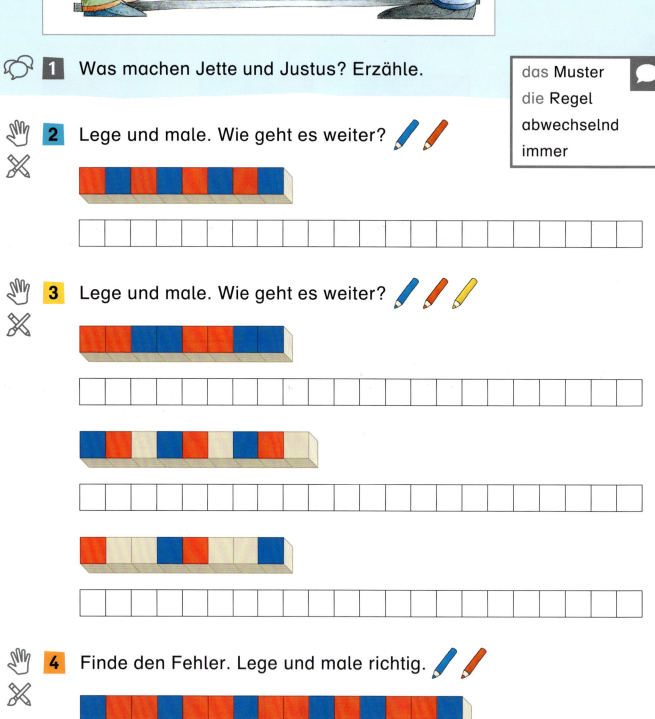

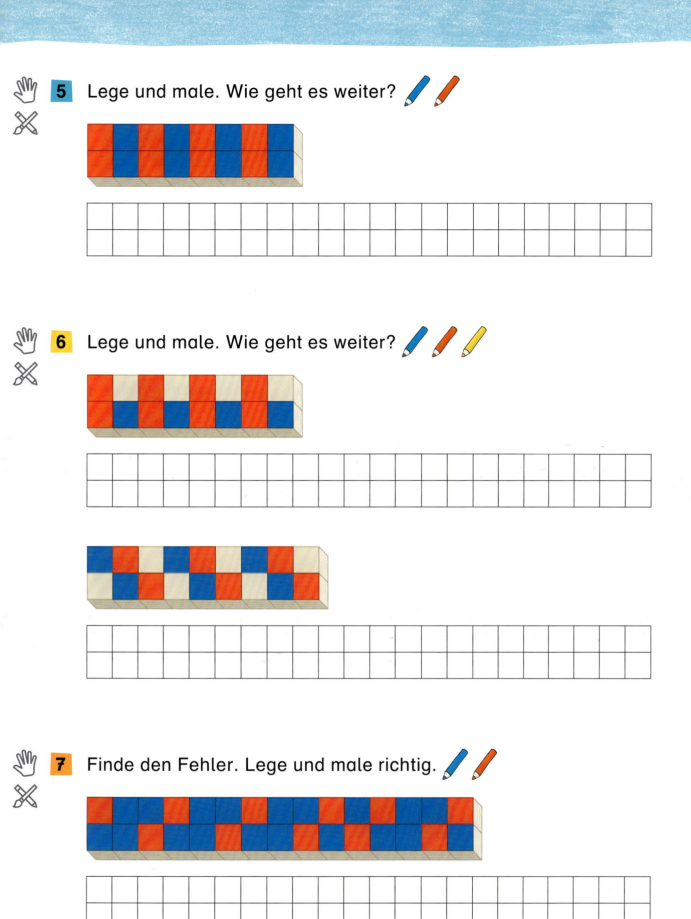

Ein Ganzes – mehrere Teile

1 a) Wie könnte man die Schokolade noch zerlegen? Probiere.

b) Vergleicht eure Ergebnisse. Erstellt ein gemeinsames Plakat.

c) Stellt eure Plakate vor. Wie viele Möglichkeiten habt ihr gefunden?

2 Was passt? ☒

das Ganze	die Teile		
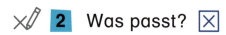	☐	☐	☐
	☐	☐	☐
	☐	☐	☐

3 Was passt? ☒ ☒

das Ganze	die Teile

4 Was passt? ☒ ☒

das Ganze	die Teile

Zerlegungen

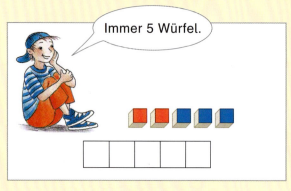
legen

malen und schreiben

 1 Was macht Justus? Erkläre.

2 Zerlege 4.
Finde verschiedene Möglichkeiten.

3 Zerlege 5.
Finde verschiedene Möglichkeiten.

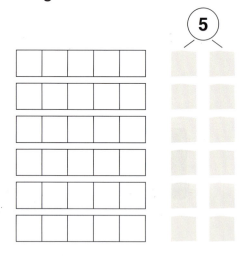

4 Zerlege 6.
Finde verschiedene Möglichkeiten.

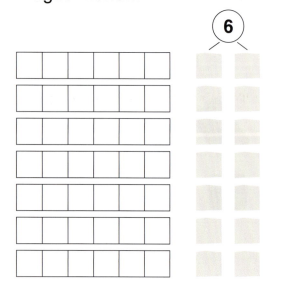

5 Wähle eine Zahl aus.
Finde viele Zerlegungen.

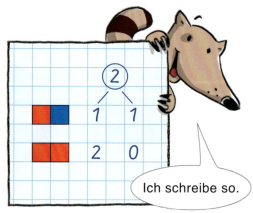

6 Jette und Justus spielen „Hoppla". Kannst du Justus helfen?
Erkläre.

Welche Aufgabe habe ich umgedreht?

7 Spielt das Spiel „Hoppla".

8 a) Ordne deine Zerlegungsstreifen zur 5 und male an.

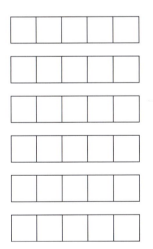

die **Zerlegung**
die **Ordnung**
Ich zerlege.
Ich ordne.

Mit Ordnung habe ich den Überblick.

 b) Wie hat dein Partnerkind die Streifen geordnet?

 c) Vergleicht in der Klasse eure Lösungen.
Habt ihr alle die gleiche Ordnung?

 Wähle eine Zahl aus. Erstelle Zerlegungsstreifen.
Erfinde ein neues Spiel mit den Streifen.

Zerlegungen üben

AH S. 16

1 Finde alle Zerlegungen zur 10. Male an und schreibe.

die Zerlegung
die Zerlegungen

2 Spielt das Spiel „Hoppla" mit den Zerlegungen zur 10.

3 Zerlege. 5   4

4 Zerlege. 7   8

5 Wie viele Zerlegungen gibt es?

zur 10   zur 11   zur 12   zur 13

Findest du eine Regel?

 6 Übt wie Justus und Jette.

7 Zerlege.

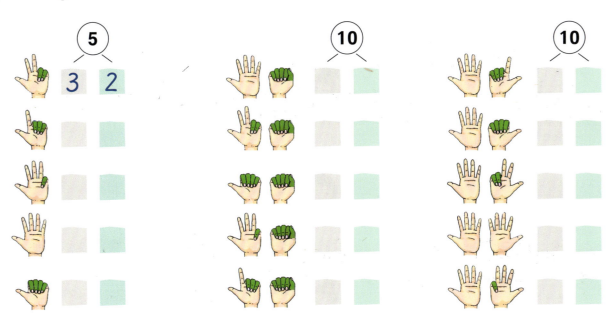

8 Immer 10:
Wie viele Finger sind versteckt?

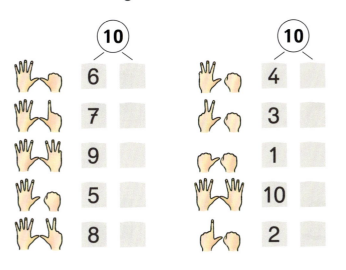

9 Zerlege.

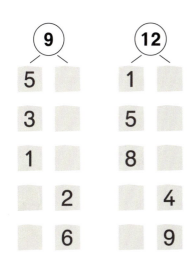

10 gewinnt

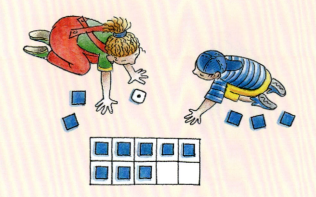

| + plus | Ich lege dazu. |
| − minus | Ich nehme weg. |

1 Spielt das Spiel „10 gewinnt".

2 So haben Jette und Justus gespielt. Erkläre.
Trage ein: (+) plus oder (−) minus.

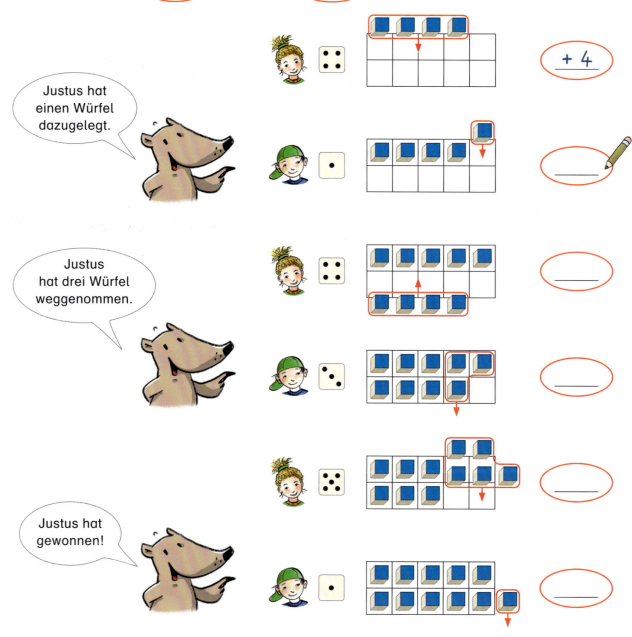

Justus hat einen Würfel dazugelegt.

Justus hat drei Würfel weggenommen.

Justus hat gewonnen!

36 Beilage zum Schülerbuch: Zehnerfeld

3 Schreibe die Aufgabe und rechne.

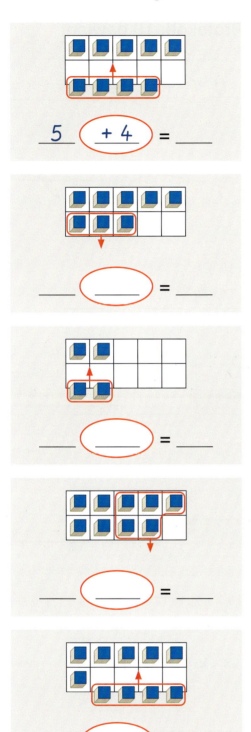
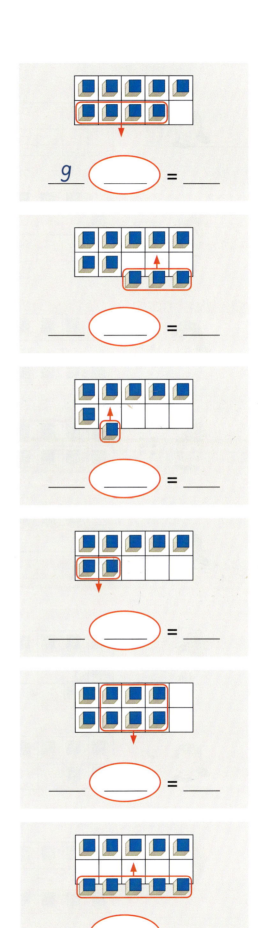

37

10 gewinnt üben

1 Schreibe das Protokoll zum Spiel.

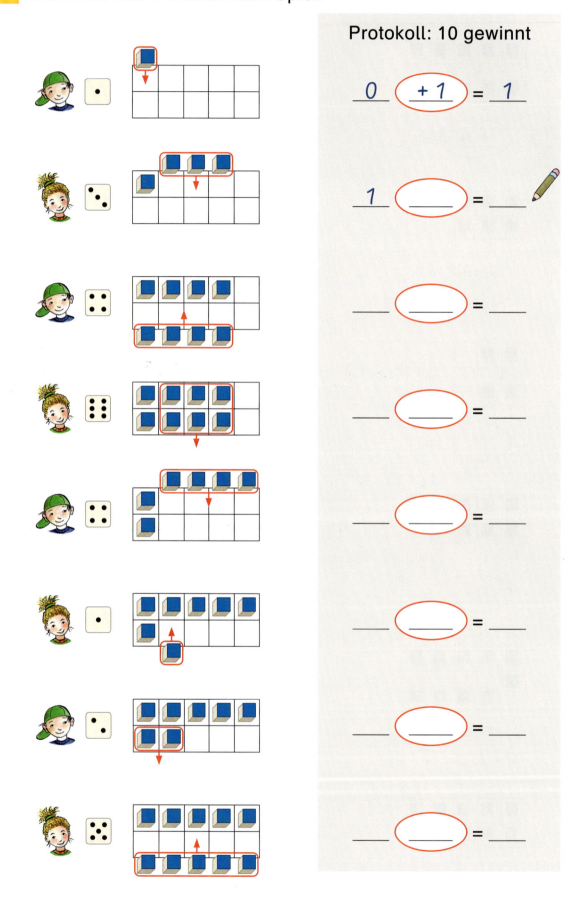

Protokoll: 10 gewinnt

0 (+ 1) = 1

1 ◯ = ___

___ ◯ = ___

___ ◯ = ___

___ ◯ = ___

___ ◯ = ___

___ ◯ = ___

___ ◯ = ___

2 Spielt das Spiel „10 gewinnt". Schreibt ein Protokoll.

3 Finde den Fehler im Protokoll.

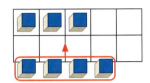

Protokoll: 10 gewinnt

0 (+ 3) = 3

3 (+ 4) = 8

4 Finde die Fehler im Protokoll.

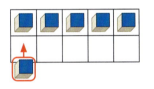

Protokoll: 10 gewinnt

0 (+ 3) = 5

5 (+ 1) = 6

5 (+ 4) = 10

5 Lege, würfle und entscheide: (+) oder (−)?

8 (− 1) = 7   3 (___) = ___   8 (___) = ___   8 (___) = ___

5 (___) = ___   4 (___) = ___   5 (___) = ___   5 (___) = ___

6 Was musst du würfeln, um zu gewinnen?

8 (___) = 10   14 (___) = 10   5 (___) = 10   6 (___) = 10

13 (___) = 10   4 (___) = 10   12 (___) = 10   15 (___) = 10

39

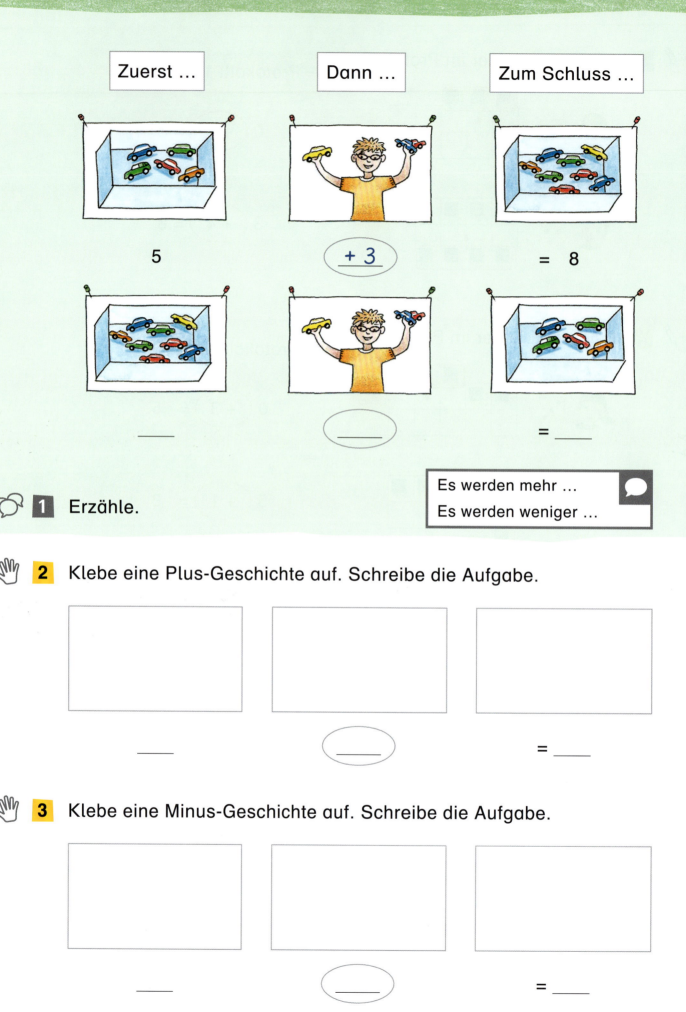

4 Klebe zwei Dreibild-Geschichten auf. Schreibe die Aufgaben.

___	(___)	= ___

___	(___)	= ___

 5 Plus oder minus? Erzähle und rechne.

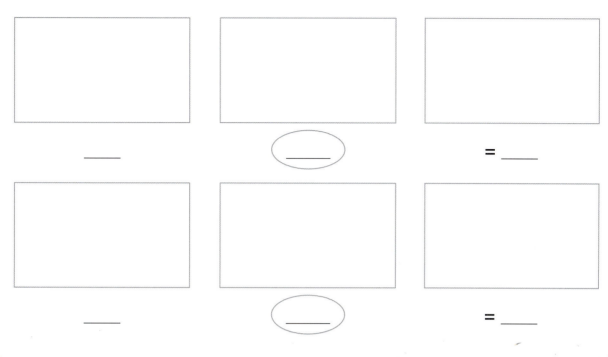

Male eigene Dreibild-Geschichten zu 3 + 5 und 6 − 3 .

Plusaufgaben mit 5

AH S. 20

plus
zusammen sind es

1. Was machen Justus und Jette?

2. Zeigt die Aufgaben wie Justus und Jette.

   5 + 2   4 + 5   1 + 5   5 + 4   3 + 5   5 + 1

Klappen, nicht zählen!

3. Zeige mit deinen Fingern.
   Schreibe die Aufgabe und rechne.

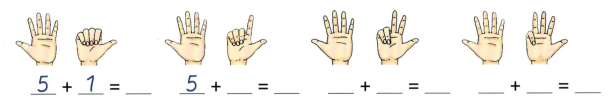

5 + 1 = __   5 + __ = __   __ + __ = __   __ + __ = __

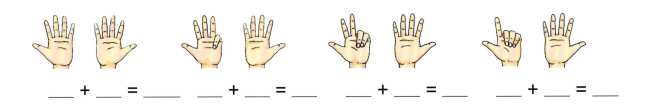

__ + __ = __   __ + __ = __   __ + __ = __   __ + __ = __

4. Zeige mit deinen Fingern und rechne.

   5 + 3 = ___   2 + 5 = ___   5 + 4 = ___   4 + 5 = ___
   5 + 5 = ___   3 + 5 = ___   1 + 5 = ___   5 + 0 = ___
   5 + 1 = ___   0 + 5 = ___   5 + 2 = ___   5 + 5 = ___

Plusaufgaben

AH S. 20

1 Zeige mit deinen Fingern und rechne.

1 + 1 =	4 + 1 =	1 + 2 =
2 + 1 =	3 + 2 =	1 + 3 =
3 + 1 =	2 + 3 =	1 + 4 =

2 Zeige mit deinen Fingern und rechne.

5 + 3 =	6 + 4 =	6 + 2 =
5 + 0 =	7 + 2 =	8 + 1 =
4 + 5 =	6 + 1 =	7 + 3 =
2 + 5 =	2 + 2 =	5 + 2 =

3 Rechne.

4 + 3 =	3 + 6 =	2 + 4 =
3 + 3 =	4 + 4 =	4 + 6 =
4 + 2 =	2 + 7 =	3 + 4 =

4 Zeigt und rechnet Plusaufgaben.

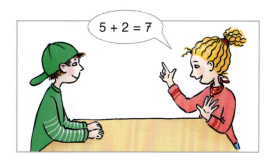

Plusaufgaben legen und malen

AH S. 21

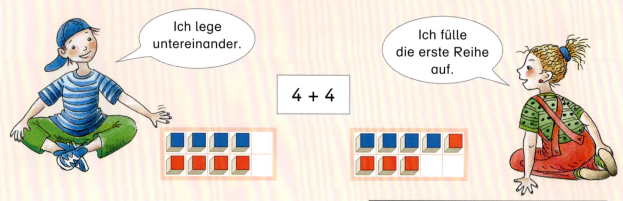

 1 Wie legt Justus? Wie legt Jette?

 2 Legt wie Justus und Jette. Malt an.

3 + 3   2 + 2   4 + 3

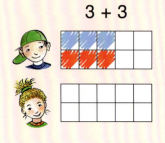  

3 + 5   4 + 2   2 + 5

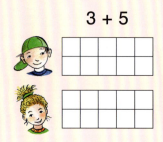  

3 Schreibe die Plusaufgaben und rechne.

 ___ + ___ = ___

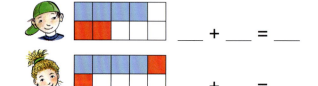 ___ + ___ = ___

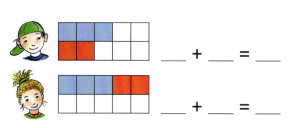 ___ + ___ = ___

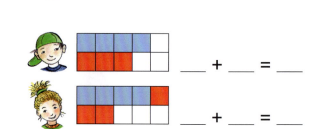 ___ + ___ = ___

4 Verbinde gleiche Plusaufgaben.

_4_ + _3_ = _7_

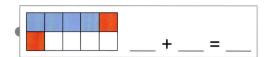
___ + ___ = ___

___ + ___ = ___

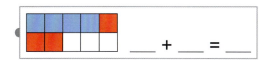
___ + ___ = ___

___ + ___ = ___

___ + ___ = ___

___ + ___ = ___

___ + ___ = ___

5 Male an und rechne.

4 + 4 = ___   3 + 5 = ___   4 + 5 = ___

6 + 2 = ___   7 + 3 = ___   2 + 5 = ___

4 + 6 = ___   6 + 3 = ___   3 + 2 = ___

6 Schreibe passende Plusaufgaben.

Ergebnis ist **kleiner** als 5	Ergebnis ist **größer** als 5	Ergebnis ist **gleich** 10
2 + 1	4 + 3	7 + 3

45

Tauschaufgaben

AH S. 22

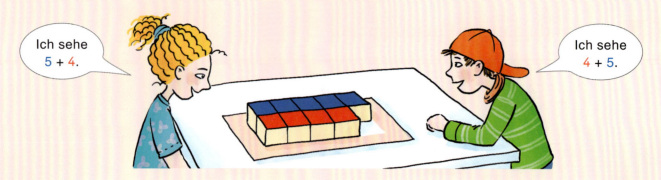

1 Wer hat recht?

> die Aufgabe
> die Tauschaufgabe
> Das Ergebnis bleibt gleich.

2 Aufgabe und Tauschaufgabe: Rechne.

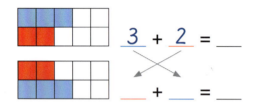 3 + 2 = __
   __ + __ = __

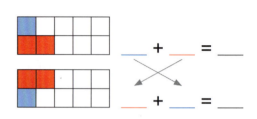 __ + __ = __
   __ + __ = __

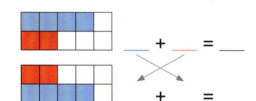 __ + __ = __
   __ + __ = __

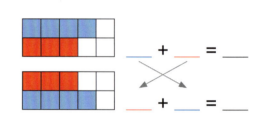 __ + __ = __
   __ + __ = __

3 Aufgabe und Tauschaufgabe: Male an und rechne.

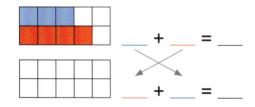 __ + __ = __
   __ + __ = __

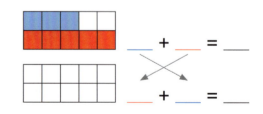 __ + __ = __
   __ + __ = __

__ + __ = __
__ + __ = __

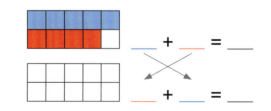 __ + __ = __
   __ + __ = __

4 Schreibe die Tauschaufgabe und rechne.

6 + 2 = __   7 + 1 = __   4 + 5 = __   6 + 4 = ___

__ + __ = __   __ + __ = __   __ + __ = __   __ + __ = ___

5 Rechne.

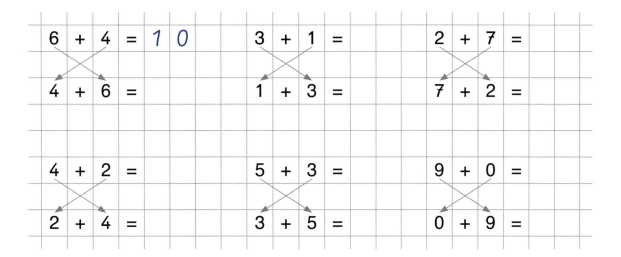

6 + 4 = 10	3 + 1 =	2 + 7 =
4 + 6 =	1 + 3 =	7 + 2 =
4 + 2 =	5 + 3 =	9 + 0 =
2 + 4 =	3 + 5 =	0 + 9 =

6 Schreibe die Tauschaufgabe und rechne.

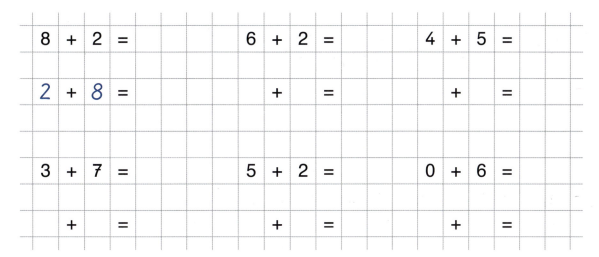

8 + 2 =	6 + 2 =	4 + 5 =
2 + 8 =	+ =	+ =
3 + 7 =	5 + 2 =	0 + 6 =
+ =	+ =	+ =

 7 Bilde viele Plusaufgaben.

Denke an die Tauschaufgabe!

| 3 | 4 | 5 | 6 | | 2 | 3 | 6 | 7 | | 2 | 1 | 8 | ? |

3 + 4 = 7   2 + 3 = 5   2 + 1 = 3

 8 Übt wie Jette und Justus. Wechselt euch ab.

 4 + 5 = 9

Die Tauschaufgabe heißt: 5 + 4 = 9

Minusaufgaben mit 5

AH S. 24

Ich zeige 8

Ich nehme 5 weg.

1 Welche Minusaufgabe zeigt Justus mit seinen Fingern?

2 Zeige Minusaufgaben mit den Fingern wie Justus.
Ein Partnerkind nennt die Minusaufgabe.
Wechselt euch ab.

Klappen, nicht zählen!

7 – 5	9 – 5	8 – 5	6 – 5
10 – 5	6 – 5	9 – 5	5 – 5

3 Zeige mit deinen Fingern. Streiche weg und rechne.

10 – 5 = ___   9 – 5 = ___   8 – 5 = ___   7 – 5 = ___   6 – 5 = ___

8 – 3 = ___   7 – 2 = ___   9 – 4 = ___   6 – 1 = ___   5 – 0 = ___

4 Zeige mit deinen Fingern und rechne.

6 – 5 = ___   8 – 5 = ___   9 – 5 = ___   7 – 5 = ___   5 – 5 = ___

10 – 5 = ___   7 – 2 = ___   8 – 3 = ___   9 – 4 = ___   6 – 1 = ___

Minusaufgaben

AH S. 24

1 Zeige mit deinen Fingern und rechne.

5 − 1 =	10 − 1 =	8 − 5 =
5 − 2 =	10 − 2 =	8 − 3 =
5 − 3 =	10 − 3 =	7 − 5 =
5 − 4 =	10 − 4 =	7 − 2 =

2 Zeige mit deinen Fingern und rechne.

7 − 1 =	9 − 3 =	8 − 2 =
7 − 3 =	9 − 2 =	8 − 4 =
7 − 4 =	9 − 6 =	8 − 8 =
7 − 6 =	9 − 8 =	8 − 6 =

3 Notiere Minusaufgaben zu diesen Ergebnissen.

| − = 3 | − = 8 | − = 6 |
| − = 4 | − = 2 | − = 10 |

4 Zeigt und rechnet Minusaufgaben.

Minusaufgaben legen und malen

AH S. 25

1 Welche Minusaufgabe hat Jette gelegt?

Ich nehme 2 weg.
Ich ziehe 2 ab.
7 − 2 = 5

2 Legt wie Jette. Kreist ein und rechnet.

5 − 3 = ___   4 − 4 = ___

Nimm da weg, wo du es am schnellsten siehst!

5 − 1 = ___   10 − 4 = ___   9 − 2 = ___   8 − 2 = ___

9 − 4 = ___   6 − 3 = ___   8 − 7 = ___   10 − 6 = ___

3 Schreibe die Minusaufgaben und rechne.

___ − ___ = ___   ___ − ___ = ___

___ − ___ = ___   ___ − ___ = ___

___ − ___ = ___   ___ − ___ = ___

___ − ___ = ___   ___ − ___ = ___

50 Beilage zum Schülerbuch: Zehnerfeld und Plättchen

4 Verbinde gleiche Minusaufgaben.

 7 − 3 = 4

 ___ − ___ = ___

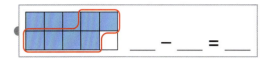 ___ − ___ = ___

 ___ − ___ = ___

 ___ − ___ = ___

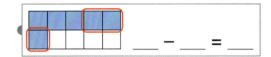 ___ − ___ = ___

___ − ___ = ___

___ − ___ = ___

5 Male an, kreise ein und rechne.

7 − 4 = ___

6 − 2 = ___

6 − 4 = ___

9 − 3 = ___

8 − 4 = ___

8 − 6 = ___

6 − 3 = ___

10 − 4 = ___

9 − 4 = ___

6 Schreibe passende Minusaufgaben.

Ergebnis ist **kleiner** als 5	Ergebnis ist **größer** als 5	Ergebnis ist **gleich** 5
4 − 2	10 − 1	6 − 1

Rechengeschichten

AH S. 26, 27

> 5 Vögel sind am Futterhaus, 2 Vögel kommen dazu. Zusammen sind es 7 Vögel.

> Zuerst waren es 7 Vögel. Dann fliegen 2 Vögel weg. Zum Schluss bleiben 5 Vögel übrig.

5 + 2 = 7

7 − 2 = 5

1 Welche Rechengeschichte siehst du? Begründe.

2 Welche Aufgabe siehst du im Bild? Erzähle die Rechengeschichte.

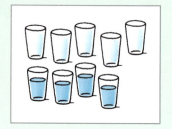

 3 Erzähle zu den Bildern. Welche Aufgaben legt Jette? Wie rechnet Justus Aufgabe und Umkehraufgabe?

4 Rechne Aufgabe und Umkehraufgabe.

7 − 2 = ___   9 − 4 = ___   6 − 5 = ___   8 − 3 = ___
___ + 2 = 7   ___ + 4 = 9   ___ + 5 = 6   ___ + 3 = 8

5 Rechne Aufgabe und Umkehraufgabe.

9 − 6 = ___   6 − 4 = ___   9 − 2 = ___   10 − 4 = ___
___ + 6 = ___   ___ + 4 = ___   ___ + 2 = ___   ___ + 4 = ___

8 − 5 = ___   9 − 7 = ___   5 − 0 = ___   10 − 6 = ___
___ + 5 = ___   ___ + 7 = ___   ___ + 0 = ___   ___ + 6 = ___

 6 Rechne zu jeder Aufgabe auch die Umkehraufgabe.

6 − 5	4 − 2	9 − 4	10 − 3
8 − 1	9 − 3	5 − 2	10 − 8
7 − 3	8 − 6	9 − 5	10 − 5

6 − 5 = 1   4 − 2 =
1 + 5 = 6   ___ + 2 =

7 Trage die fehlende Zahl ein. Denke an die Umkehraufgabe.

_9_ − 6 = 3   ___ − 4 = 5   ___ − 3 = 5   ___ − 8 = 4
___ − 3 = 2   ___ − 2 = 8   ___ − 4 = 3   ___ − 5 = 6

3 Zahlen – 4 Aufgaben

AH S. 30

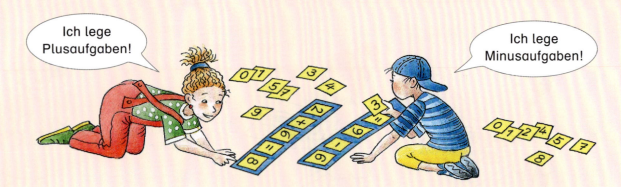

1 Lege mit deinen Zahlenkarten Aufgaben wie Jette und Justus.

☐ + ☐ = ☐   ☐ – ☐ = ☐

die Aufgabe
die Tauschaufgabe
die Umkehraufgabe

Schreibe deine Aufgaben auf.

2 Bilde mit den 3 Zahlen 4 Aufgaben.

| 5 7 2 | 3 4 1 | 3 9 6 |

5 + 2 =   3 + ☐ =   3 + ☐ =
2 + 5 =   1 + ☐ =   6 + ☐ =
7 – 2 =   4 – ☐ =   9 – ☐ =
7 – 5 =   4 – ☐ =   9 – ☐ =

3 Bilde mit den 3 Zahlen 4 Aufgaben.

4 6 2   2 5 3   2 8 6

7 9 2   4 7 3   2 3 1

4 + 2 =
2 + 4 =
6 – 2 =
6 – 4 =

4 Das faule Ei: Eine Karte passt nicht. Streiche durch.

6 9 ~~4~~ 3   2 1 6 3   7 4 5 2

3 5 6 8   5 3 6 1   2 0 3 1

6 4 7 1   9 6 5 4   6 2 8 5

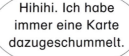
Hihihi. Ich habe immer eine Karte dazugeschummelt.

Beilage zum Schülerbuch: Legevorlage, Zahlenkarten und Rechenzeichen

Die verdeckte Karte

AH S. 31

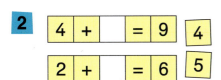 **1** Spielt das Spiel „Die verdeckte Karte": Erst legen, dann kontrollieren.

2
| 4 + ☐ = 9 | 4 | | 3 + ☐ = 8 | 5 | | 6 + ☐ = 7 | 2 |
| 2 + ☐ = 6 | 5 | | 1 + ☐ = 4 | 3 | | 3 + ☐ = 5 | 1 |

3
| 8 − ☐ = 2 | 4 | | 7 − ☐ = 2 | 5 | | 9 − ☐ = 7 | 3 |
| 5 − ☐ = 1 | 6 | | 9 − ☐ = 3 | 6 | | 8 − ☐ = 5 | 2 |

4
| 4 + ☐ = 5 | 2, 5 | | 3 + ☐ = 9 | 3, 6 | | 6 + ☐ = 8 | 3, 2 |
| 2 + ☐ = 7 | 1 | | 1 + ☐ = 6 | 5 | | 2 + ☐ = 5 | 1 |

5
| 6 − ☐ = 2 | 3, 5 | | 8 − ☐ = 3 | 3, 5 | | 4 − ☐ = 3 | 2, 1 |
| 7 − ☐ = 2 | 4 | | 9 − ☐ = 2 | 7 | | 5 − ☐ = 3 | 4 |

6
| ☐ + 6 = 7 | | ☐ + 4 = 9 | | ☐ + 2 = 7 |
| ☐ + 7 = 9 | | ☐ + 3 = 7 | | ☐ + 1 = 5 |

7
| ☐ − 1 = 3 | | ☐ − 3 = 6 | | ☐ − 4 = 3 |
| ☐ − 4 = 1 | | ☐ − 5 = 3 | | ☐ − 2 = 4 |

Beilage zum Schülerbuch: Legevorlage, Zahlenkarten und Rechenzeichen

Platzhalteraufgaben

AH S. 32

1 Wie rechnet Jette?

2 Schreibe die fehlende Zahl.

1 + ___ = 5   2 + ___ = 5   3 + ___ = 5   4 + ___ = 5

5 + ___ = 7   6 + ___ = 9   7 + ___ = 9   8 + ___ = 10

3 Schreibe die fehlende Zahl.

3 + ___ = 8   4 + ___ = 6   3 + ___ = 6   1 + ___ = 3

4 + ___ = 9   2 + ___ = 7   5 + ___ = 9   5 + ___ = 7

6 + ___ = 9   1 + ___ = 5   7 + ___ = 10   2 + ___ = 9

2 + ___ = 5   5 + ___ = 8   2 + ___ = 8   3 + ___ = 7

4 Schreibe die fehlende Zahl.

___ + 3 = 8   ___ + 1 = 6   ___ + 2 = 7   ___ + 1 = 9

___ + 2 = 6   ___ + 2 = 2   ___ + 1 = 8   ___ + 4 = 9

___ + 3 = 9   ___ + 5 = 7   ___ + 8 = 9   ___ + 5 = 8

5 Schreibe die fehlende Zahl.

 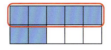  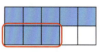

9 − ___ = 4   7 − ___ = 2   5 − ___ = 3   8 − ___ = 5

6 − ___ = 2   10 − ___ = 4   8 − ___ = 8   5 − ___ = 0

6 Schreibe die fehlende Zahl.

7 − ___ = 3   6 − ___ = 2   5 − ___ = 4   6 − ___ = 2

8 − ___ = 1   10 − ___ = 2   8 − ___ = 6   9 − ___ = 1

9 − ___ = 5   5 − ___ = 1   7 − ___ = 4   6 − ___ = 6

7 Schreibe die fehlende Zahl.

___ − 7 = 2   ___ − 6 = 1   ___ − 2 = 4   ___ − 5 = 4

___ − 5 = 3   ___ − 2 = 6   ___ − 4 = 2   ___ − 3 = 4

8 Partneraufgaben zur 10: Rechne.

___ + ___ = 10
die Partneraufgabe

0 + ___ = 10   3 + ___ = 10   6 + ___ = 10

1 + ___ = 10   4 + ___ = 10   7 + ___ = 10   9 + ___ = 10

2 + ___ = 10   5 + ___ = 10   8 + ___ = 10   10 + ___ = 10

9 Wie heißt die Partneraufgabe? Übt wie Jette und Justus.

Ich zeige 7. Wie viele Finger sind runtergeklappt?

7 + 3 = 10

Geometrische Formen erkennen

AH S. 34

 1 Welche Formen siehst du?

das Dreieck
das Viereck
der Kreis

 2 Wo findest du diese Formen im Bild? Zeige sie einem Partnerkind.

 Schneide geometrische Formen aus und gestalte damit ein eigenes Kunstwerk.

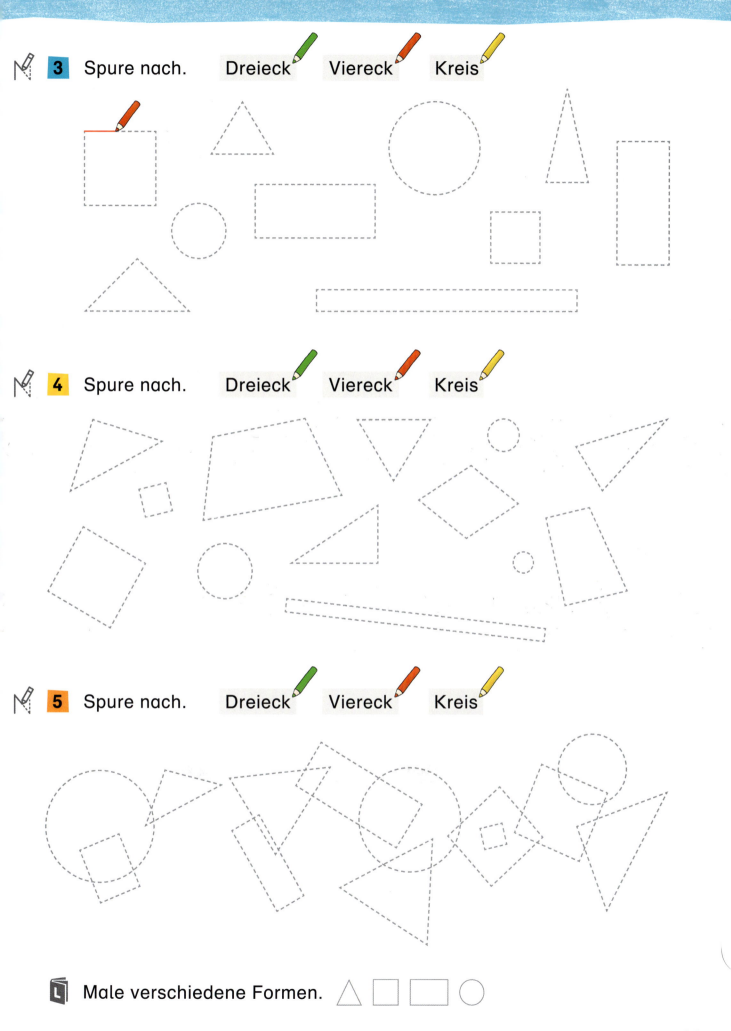

Geometrische Formen beschreiben

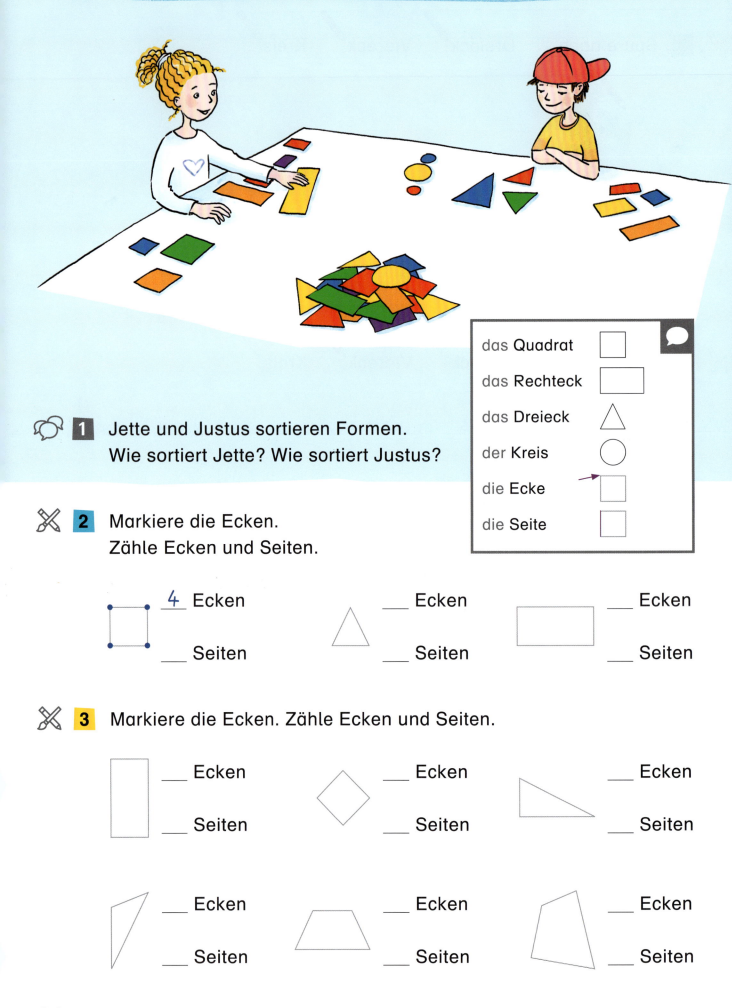

das Quadrat	☐
das Rechteck	▭
das Dreieck	△
der Kreis	○
die Ecke	☐
die Seite	☐

1 Jette und Justus sortieren Formen. Wie sortiert Jette? Wie sortiert Justus?

2 Markiere die Ecken. Zähle Ecken und Seiten.

_4_ Ecken __ Ecken __ Ecken
__ Seiten __ Seiten __ Seiten

3 Markiere die Ecken. Zähle Ecken und Seiten.

__ Ecken __ Ecken __ Ecken
__ Seiten __ Seiten __ Seiten

__ Ecken __ Ecken __ Ecken
__ Seiten __ Seiten __ Seiten

4 Jette hat besondere Vierecke sortiert.
   Was ist gleich? Was ist anders?

> das Viereck
> das Quadrat
> das Rechteck
> die Ecke
> die Seite
> gleich lang

5 Male gleich lange Seiten jeweils mit derselben Farben an.

6 Wie viele Quadrate findest du?

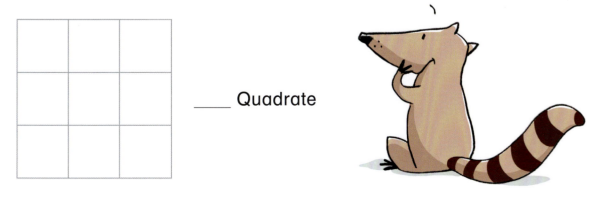

_____ Quadrate

Figuren auslegen

AH S. 35

1 Lege aus.

2 Lege aus.

Beilage zum Schülerbuch: Geometrische Formen

das **Dreieck**
das **Rechteck**
das **Quadrat**

3 a) Lege aus.
Finde verschiedene Möglichkeiten.

| 2 | ▲ | 4 | ▬ |

b) Vergleicht eure Lösungen.

4 Findest du auch hier mehrere Lösungen?

5 Finde eine Lösung mit 9 Formen. Zeichne ein.

Lege selbst Häuser. Male das kleinste und das größte Haus.

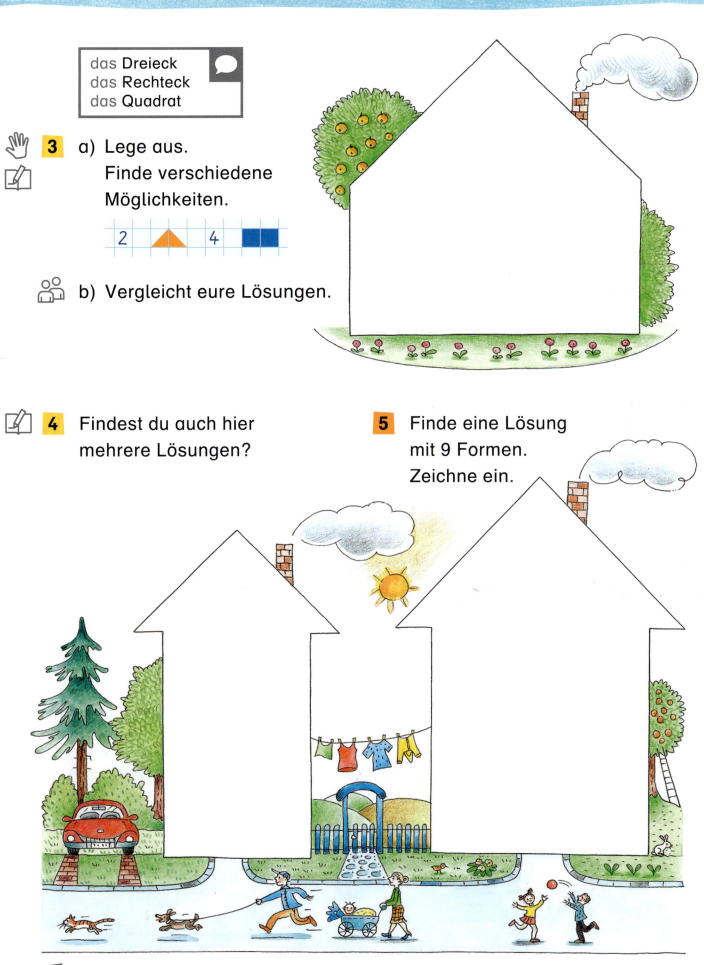

Muster erkennen und fortsetzen

AH S. 36

> das Muster
> regelmäßig
> immer abwechselnd
>
> falten
> Seite auf Seite
> Ecke auf Ecke

 1 Was machen Justus und Jette?

 2 Falte und schneide Quadrate. Lege die Muster nach.

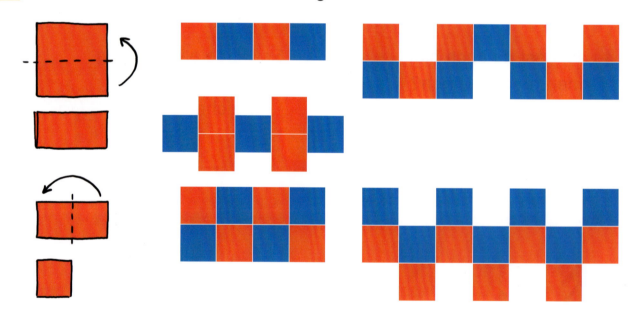

 3 Falte und schneide Dreiecke. Lege die Muster nach.

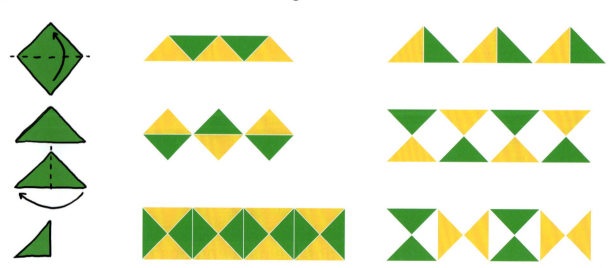

4 Setze die Muster fort.

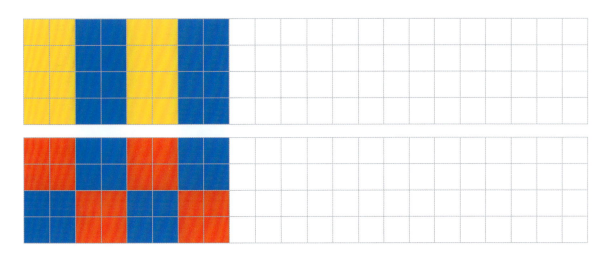

5 Setze die Muster fort.

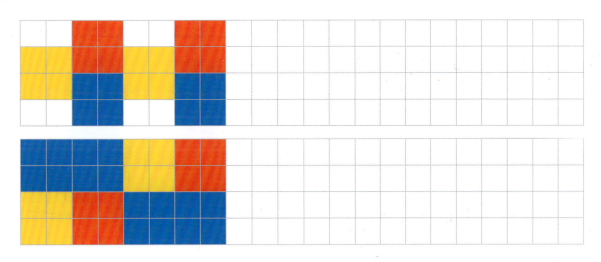

6 Setze die Muster fort.

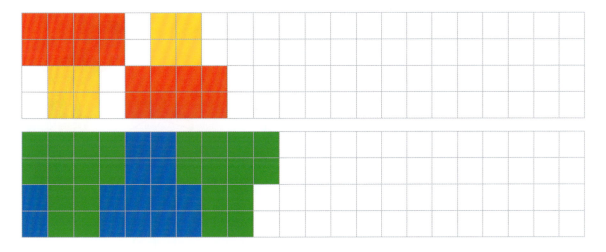

Finde selbst Muster. Lege sie oder male sie auf Karopapier. Klebe deine Muster in dein Lerntagebuch.

Plusaufgaben bis 10 üben

AH S. 37

 1 Lege oder zeige mit deinen Fingern und rechne.

8 + 1 = ___   5 + 3 = ___   1 + 5 = ___   4 + 5 = ___

6 + 1 = ___   4 + 3 = ___   1 + 7 = ___   2 + 3 = ___

7 + 1 = ___   4 + 2 = ___   2 + 4 = ___   3 + 6 = ___

2 Rechne.

2 + 1 = ___   3 + 5 = ___   6 + 2 = ___   1 + 8 = ___

6 + 3 = ___   1 + 2 = ___   4 + 1 = ___   2 + 6 = ___

1 + 4 = ___   2 + 7 = ___   7 + 2 = ___   3 + 2 = ___

3 + 1 = ___   5 + 4 = ___   2 + 5 = ___   1 + 6 = ___

3 Partneraufgaben: Rechne.

7 + 3 = ___   6 + 4 = ___   1 + 9 = ___

2 + 8 = ___   9 + 1 = ___   4 + 6 = ___

5 + 5 = ___   8 + 2 = ___   3 + 7 = ___

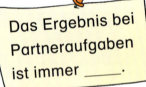

Das Ergebnis bei Partneraufgaben ist immer ___.

 4 Male alle Partneraufgaben in der Plustafel auf Seite 136 gelb an.

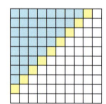

5 Schreibe die 36 blauen und die 9 gelben Aufgaben der Plustafel auf einzelne Kärtchen. Schreibe die Ergebnisse auf die Rückseite.

Übe wie Justus jeden Tag 10 Minuten.
- Aufgaben, die du schon gut rechnen kannst: ☺
- Aufgaben, die du noch üben musst: ☹
  Übe so lange, bis alle Aufgaben im ☺-Umschlag sind.

Beilage zum Schülerbuch: Zehnerfeld und Plättchen

Minusaufgaben bis 10 üben

AH S. 37

 1 Lege oder zeige mit deinen Fingern und rechne.

10 – 1 = ____   10 – 6 = ____   10 – 3 = ____

10 – 4 = ____   10 – 5 = ____   10 – 2 = ____

10 – 7 = ____   10 – 8 = ____   10 – 9 = ____

2 Rechne.

9 – 3 = ____   7 – 4 = ____   5 – 1 = ____   8 – 5 = ____

6 – 4 = ____   4 – 3 = ____   9 – 6 = ____   7 – 2 = ____

8 – 6 = ____   6 – 2 = ____   7 – 3 = ____   9 – 1 = ____

7 – 5 = ____   9 – 2 = ____   5 – 3 = ____   3 – 2 = ____

8 – 2 = ____   2 – 1 = ____   9 – 4 = ____   8 – 4 = ____

9 – 8 = ____   4 – 2 = ____   3 – 1 = ____   5 – 4 = ____

5 – 2 = ____   6 – 1 = ____   8 – 3 = ____   9 – 7 = ____

6 – 5 = ____   9 – 5 = ____   7 – 1 = ____   8 – 7 = ____

8 – 1 = ____   6 – 3 = ____   7 – 6 = ____   4 – 1 = ____

3 Schreibe alle Aufgaben von Aufgabe 1 und 2 auf einzelne Kärtchen.
Schreibe die Ergebnisse auf die Rückseite.

Übe jeden Tag 10 Minuten.
- Aufgaben, die du schon gut rechnen kannst: ☺
- Aufgaben, die du noch üben musst: ☹
  Übe so lange, bis alle Aufgaben im ☺-Umschlag sind.

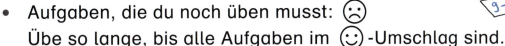

4 Rechne.

6 – ____ = 4   9 – ____ = 5   ____ – 2 = 7   ____ – 6 = 2

8 – ____ = 2   7 – ____ = 1   ____ – 3 = 6   ____ – 5 = 5

Beilage zum Schülerbuch: Zehnerfeld und Plättchen

Zahlen bis 20

AH S. 38, 39

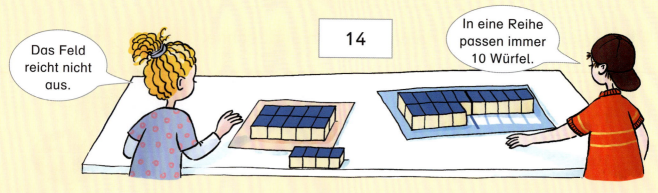

1 Vergleiche Zehnerfeld und Zwanzigerfeld.

Zehner
Einer
1 Zehner sind 10 Einer.

2 Lege und male an.

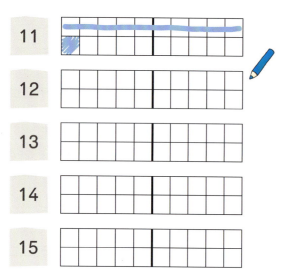
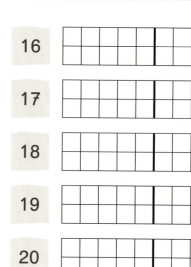

3 Schreibe die Zahlen.

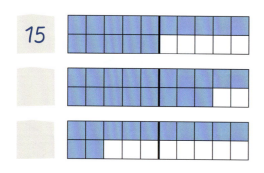
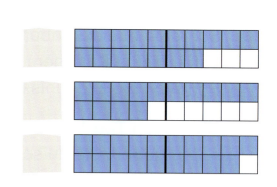

4 Schnellblick: Übt wie Jette und Justus.

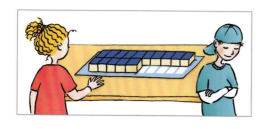
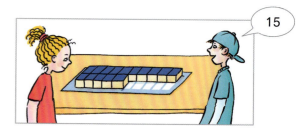

Beilage zum Schülerbuch: Zwanzigerfeld, Zehnerstreifen und Plättchen

 5 Übt wie Jette und Justus.

 6 Lege mit den Zahlenkarten und schreibe.

1 0 4 →	1 4		1 0 8 →	☐
1 0 6 →	☐		1 0 5 →	☐
1 0 2 →	☐		1 0 3 →	☐

7 Lege mit den Zahlenkarten und schreibe.

1 0 3	_10_ + _3_ = _13_		1 0 4	___ + ___ = ___
1 0 8	___ + ___ = ___		1 0 9	___ + ___ = ___
1 0 5	___ + ___ = ___		1 0 7	___ + ___ = ___
1 0 2	___ + ___ = ___		1 0 6	___ + ___ = ___

 8 Zerlege in Zehner $\boxed{1\ 0}$ und Einer $\boxed{5}$.

1 5	_15_ = _10_ + _5_		1 2	___ = ___ + ___
1 6	___ = ___ + ___		1 4	___ = ___ + ___
1 8	___ = ___ + ___		1 7	___ = ___ + ___
1 3	___ = ___ + ___		1 9	___ = ___ + ___

Wähle Zahlen aus. Zerlege und schreibe wie bei Aufgabe 8.

Zahlenreihe

AH S. 40

1   Übt wie Jette und Justus.

die kleinere Nachbarzahl
die größere Nachbarzahl

2   Wie heißt die Nachbarzahl?

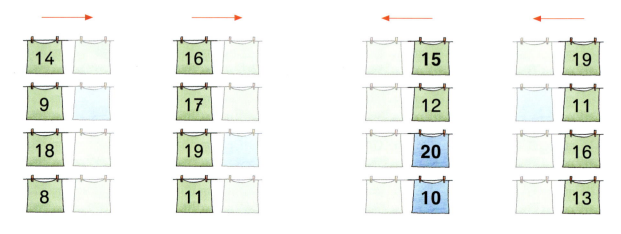

3   Wie heißen die Nachbarzahlen?

4   Immer 2 weniger, immer 2 mehr.

Zahlenfolgen

AH S. 41

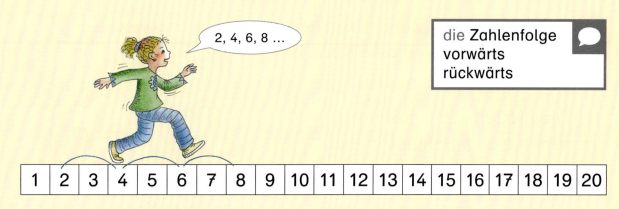

die Zahlenfolge
vorwärts
rückwärts

1 Was macht Jette? Wie geht es weiter?

2 Wie geht es weiter?

| 12 | 13 | 14 | | | | 20 |

| 7 | 8 | 9 | | | | 15 |

| 16 | 15 | 14 | | | 9 | 8 |

| 12 | 11 | | | | | 4 |

3 Wie geht es weiter?

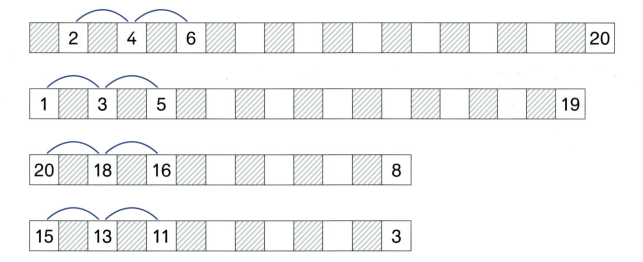

4 Wie geht es weiter?

| 1 | 4 | 7 | | | |

| 20 | 16 | 12 | | | |

| 20 | 19 | 17 | 14 | | |

Finde eigene Zahlenfolgen am Zwanzigerstreifen.

Zahlen vergleichen

AH S. 42, 43

 1 Spielt das Spiel „Zahlen stechen": Deckt abwechselnd eine Karte auf und vergleicht.

Die größere Zahl gewinnt. Wer hat zum Schluss mehr Karten?

2 Vergleiche: >, <, =

2 ◯ 5   12 ◯ 15   17 ◯ 12
8 ◯ 6   18 ◯ 18   11 ◯ 1
9 ◯ 11   2 ◯ 12   10 ◯ 10
8 ◯ 11   7 ◯ 17   20 ◯ 15

ist größer als
ist kleiner als
ist gleich

3 Verbinde.

12 **ist kleiner als** 14.	10 = 10
10 **ist gleich** 10.	8 > 6
11 **ist kleiner als** 15.	11 < 15
8 **ist größer als** 6.	12 < 14
15 **ist größer als** 11.	15 > 11

4 Was stimmt?

☐ 5 **ist kleiner als** 7.   ☐ 16 **ist größer als** 18.
☐ 7 **ist kleiner als** 9.   ☐ 15 **ist gleich** 15.
☐ 6 **ist größer als** 8.   ☐ 13 **ist kleiner als** 10.

Beilage zum Schülerbuch: Zahlenkarten

5 Welche Zahl passt?

7 > _4_ | 8 | 4 | 9 | 6 < ___ | 5 | 4 | 7 |

3 > ___ | 4 | 5 | 1 | 8 < ___ | 7 | 9 | 6 |

5 > ___ | 3 | 7 | 6 | 4 < ___ | 5 | 2 | 3 |

6 Finde eine passende Zahl.

7 > ____   11 < ____   14 > ____   6 = ____

15 > ____   16 < ____   13 < ____   16 > ____

2 > ____   19 < ____   17 = ____   8 < ____

7 Welche Zahlen passen? Finde alle Möglichkeiten.

14 < ? < 18   12 < ? < 15   17 < ? < 20
_15, 16, 17_   _____   _____

16 > ? > 14   11 > ? > 8   15 > ? > 10
_____   _____   _____

8 Zahlenrätsel

Ich denke mir eine Zahl. Meine Zahl ist größer als 18 und kleiner als 20. Welche Zahl ist es?
____

Ich denke mir eine Zahl. Meine Zahl ist größer als 7 und kleiner als 12. Welche könnte es sein?
____

Meine Zahl ist kleiner als 20 und größer als 16. Welche könnte es sein?
____

Denke dir eigene Zahlenrätsel aus.

Ordnungszahlen

AH S. 44

fünfter sein (von Ernst Jandl und Norman Junge)

tür auf   einer raus   einer rein   vierter sein

tür auf   einer raus   einer rein   dritter sein

tür auf   einer raus   einer rein   zweiter sein

tür auf   einer raus   einer rein   nächster sein

tür auf   einer raus   selber rein   tagherrdoktor

> Ordnungszahlen werden mit einem Punkt geschrieben.

1.	2.	3.	4.	5.	6.	7.	...
Erster	Zweiter	Dritter	Vierter	Fünfter	Sechster	Siebter	
Erste	Zweite	Dritte	Vierte	Fünfte	Sechste	Siebte	

1 An welcher Stelle stehen die Tiere?

 3.

2 Schreibe auf, wer an welcher Stelle steht: **Jette** ist Zweite. **Ali** steht vor Jette. **Justus** ist Dritter. **Pia** steht hinter Justus.

1. _____   2. _____   3. _____   4. _____

3 Schreibe auf, wer an welcher Stelle steht: Jette steht vor Tobi. Olga steht vor Jette. Justus steht hinter Tobi.

1. _____   2. _____   3. _____   4. _____

Verwandte Aufgaben

AH S. 46, 47

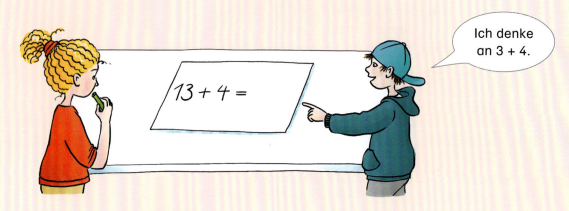

1 Was meint Justus? Erkläre.

2 Rechne zuerst die verwandte Aufgabe.

| 6 + 3 = ___ | 3 + 3 = ___ | 7 + 2 = ___ | 1 + 2 = ___ |
| 16 + 3 = ___ | 13 + 3 = ___ | 17 + 2 = ___ | 11 + 2 = ___ |

| 4 + 4 = ___ | 2 + 0 = ___ | 1 + 5 = ___ | 0 + 8 = ___ |
| 14 + 4 = ___ | 12 + 0 = ___ | 11 + 5 = ___ | 10 + 8 = ___ |

3 Schreibe die verwandte Aufgabe und rechne.

16 + 2	13 + 6	17 + 3	14 + 6
14 + 3	11 + 3	13 + 5	15 + 3
12 + 6	14 + 5	18 + 1	13 + 7
15 + 0	12 + 2	15 + 4	10 + 6

```
6 + 2 =   8
1 6 + 2 = 1 8

4 + 3 =
1 4 + 3 =
```

4 Welche Zahl fehlt?

15 + ___ = 18	___ + 7 = 19	4 + ___ = 16
14 + ___ = 16	___ + 4 = 17	2 + ___ = 15
16 + ___ = 19	___ + 6 = 20	7 + ___ = 19

Denke an die verwandte Aufgabe.

5 Was meint Jette? Erkläre.

6 Rechne zuerst die verwandte Aufgabe.

7 – 4 = ___   5 – 3 = ___   8 – 2 = ___   9 – 1 = ___

17 – 4 = ___   15 – 3 = ___   18 – 2 = ___   19 – 1 = ___

4 – 3 = ___   6 – 6 = ___   2 – 1 = ___   7 – 0 = ___

14 – 3 = ___   16 – 6 = ___   12 – 1 = ___   17 – 0 = ___

7 Schreibe die verwandte Aufgabe und rechne.

16 – 4   17 – 3   13 – 2   19 – 7
14 – 3   19 – 5   18 – 6   17 – 4
12 – 1   16 – 3   14 – 4   18 – 5
15 – 5   15 – 4   15 – 0   16 – 6

```
 6 – 4 =   2
16 – 4 = 1 2

 4 – 3 =
14 – 3 =
```

8 Welche Zahl fehlt?

15 – ___ = 11   ___ – 6 = 11   15 – ___ = 12

14 – ___ = 12   ___ – 5 = 14   19 – ___ = 13

17 – ___ = 14   ___ – 3 = 15   18 – ___ = 14

Denke an die verwandte Aufgabe.

Finde verwandte Aufgaben und schreibe sie auf.

Verdoppeln

AH S. 48

 1 Wie hat Jette verdoppelt? Erkläre.

> das Doppelte
> verdoppeln
> die Verdopplungsaufgabe 4 + 4

2 Schreibe die Verdopplungsaufgabe.

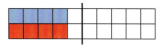

4 + 4 = ___   5 + ___ = ___   6 + ___ = ___

 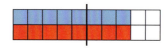 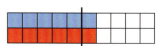

___ + ___ = ___   ___ + ___ = ___   ___ + ___ = ___

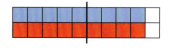

3 Verdopple.

Zahl	1	2	3	4	5	6	7	8	9	10
Das Doppelte										

 4 Übt die Verdopplungsaufgaben.

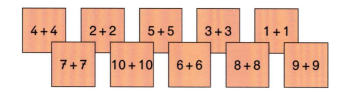

4 + 4   2 + 2   5 + 5   3 + 3   1 + 1
7 + 7   10 + 10   6 + 6   8 + 8   9 + 9

Was ist das Doppelte von 5?

10

5 Wie viele?

Paare	1	3	2	5	4	
Kinder	2					6
Schuhe	4					8

Mit Verdopplungsaufgaben rechnen

AH S. 49

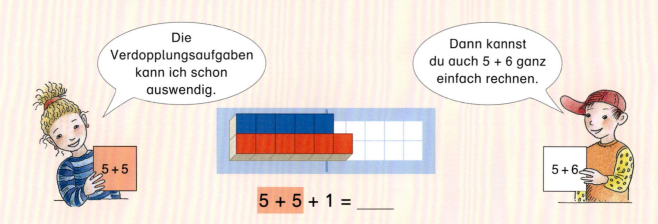

5 + 5 + 1 = ___

 1 Erkläre, was Justus meint.
Wie kannst du 6 + 5 rechnen?

5 + 5   6 + 6

> die Verdopplungsaufgabe
> das Ergebnis
> um 1 größer als
> um 1 kleiner als

2 Male alle Verdopplungsaufgaben in der Plustafel auf Seite 136 rot an.

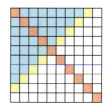

3 Rechne die Verdopplungsaufgaben.

4 + 4 = ___   7 + 7 = ___   6 + 6 = ___   2 + 2 = ___

5 + 5 = ___   3 + 3 = ___   8 + 8 = ___   9 + 9 = ___

4 Nutze die Verdopplungsaufgabe.

5 + 6 = ___   7 + 6 = ___   8 + 7 = ___

5 + 5 + 1 = ___   6 + 6 + 1 = ___   7 + 7 + 1 = ___

5 + 6 = ___   7 + 6 = ___   8 + 7 = ___

6 + 6 − 1 = ___   7 + 7 − 1 = ___   8 + 8 − 1 = ___

5 Nutze die Verdopplungsaufgabe.

9 + 8 = ___   7 + 8 = ___   6 + 7 = ___

_____   _____   _____

83

Plustafel

1+1	1+2	1+3	1+4	1+5	1+6	1+7	1+8	1+9	1+10
2+1	2+2	2+3	2+4		2+6	2+7	2+8	2+9	2+10
3+1	3+2	3+3	3+4	3+5		3+7	3+8	3+9	3+10
	4+2	4+3	4+4	4+5	4+6	4+7	4+8	4+9	4+10
5+1		5+3	5+4	5+5	5+6	5+7	5+8	5+9	5+10
6+1	6+2	6+3	6+4	6+5	6+6	6+7	6+8	6+9	6+10
7+1	7+2	7+3	7+4	7+5	7+6	7+7	7+8		7+10
8+1	8+2	8+3	8+4		8+6	8+7	8+8	8+9	8+10
9+1	9+2	9+3	9+4	9+5	9+6	9+7	9+8	9+9	9+10
10+1	10+2	10+3	10+4	10+5	10+6	10+7	10+8	10+9	10+10

Was ist mit der Null?

☐ Partneraufgaben: zusammen 10

☐ Verdopplungsaufgaben

☐ Aufgaben mit + 10

☐ Aufgaben mit 10 +

1 Schau dir die Plustafel an. Welche Aufgaben kennst du? Welche sind neu? Was fällt dir auf?

2 Welche Aufgaben fehlen? Trage sie ein.

3 Welche Aufgaben sind es? Male an und rechne. ☐ ☐ ☐ ☐

6 + 6 = 12   8 + 8 = ___   1 + 9 = ___   5 + 10 = ___

8 + 2 = ___   10 + 8 = ___   7 + 7 = ___   4 + 6 = ___

10 + 2 = ___   7 + 3 = ___   6 + 4 = ___   9 + 1 = ___

4 Wie viele Aufgaben stehen in der Plustafel? Wie hast du das herausgefunden?

Aufgaben mit der 10

AH S. 50

Die Aufgaben mit der 10 sind leicht!
10 + 5 = 15

9 + 5
10 + 5

Dann kannst du auch die Nachbaraufgaben mit der 9 lösen.
10 + 5 − 1 = ___

 1 Erkläre, was Jette meint.
Wie kannst du 6 + 9 rechnen?

6 + 9   6 + 10

 2 Male die Aufgaben mit der 10 in der Plustafel auf Seite 136 grün an.

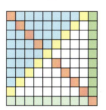

3 Rechne die Aufgaben mit der 10.

10 + 2 = ___   10 + 4 = ___   3 + 10 = ___   6 + 10 = ___

10 + 9 = ___   10 + 6 = ___   5 + 10 = ___   9 + 10 = ___

10 + 1 = ___   10 + 3 = ___   2 + 10 = ___   4 + 10 = ___

10 + 8 = ___   10 + 5 = ___   8 + 10 = ___   7 + 10 = ___

4 Nutze die Aufgabe mit der 10.

9 + 6 = ___   9 + 4 = ___   9 + 7 = ___
10 + 6 − 1 = ___   10 + 4 − 1 = ___   10 + 7 − 1 = ___

5 + 9 = ___   3 + 9 = ___   8 + 9 = ___
5 + 10 − 1 = ___   3 + 10 − 1 = ___   8 + 10 − 1 = ___

5 Nutze die Aufgabe mit der 10.

9 + 5 = ___   7 + 9 = ___   4 + 9 = ___

_____   _____   _____

85

Zur 10 und dann weiter

AH S. 51, 52

 Ich fülle erst zur 10 auf.

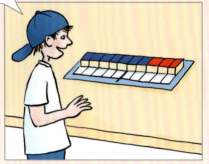
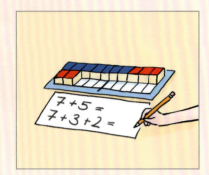

 1 Erkläre, wie Justus rechnet.

> in Schritten
> zur 10 und dann weiter
> die Partneraufgabe

2 Rechne mit der Partneraufgabe.

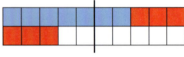
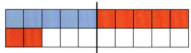

7 + 6 = ___   5 + 7 = ___   9 + 4 = ___
7 + 3 + 3 = ___   5 + 5 + 2 = ___   9 + 1 + 3 = ___

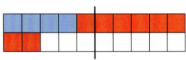
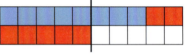
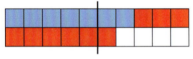

4 + 8 = ___   8 + 7 = ___   7 + 9 = ___
4 + ___ + ___ = ___ 8 + ___ + ___ = ___ 7 + ___ + ___ = ___

 3 Lege und rechne mit der Partneraufgabe.

5 + 8 = ___   6 + 7 = ___   7 + 4 = ___
5 + 5 + 3 = ___   ___ + ___ + ___ = ___ ___ + ___ + ___ = ___

6 + 9 = ___   8 + 6 = ___   9 + 7 = ___
___ + ___ + ___ = ___ ___ + ___ + ___ = ___ ___ + ___ + ___ = ___

4 + 8 = ___   8 + 9 = ___   7 + 8 = ___
___ + ___ + ___ = ___ ___ + ___ + ___ = ___ ___ + ___ + ___ = ___

Beilage zum Schülerbuch: Zwanzigerfeld und Plättchen

4 Rechne mit der Partneraufgabe.

9 + 3 =		8 + 5 =
9 + 1 + 2 =		☐ + ☐ + ☐ =

4 + 7 =		6 + 5 =
☐ + ☐ + ☐ =		☐ + ☐ + ☐ =

9 + 6 =		6 + 8 =
☐ + ☐ + ☐ =		☐ + ☐ + ☐ =

5 Rechne mit der Partneraufgabe.

9 + 4	4 + 8	8 + 3	6 + 5	5 + 8
8 + 7	5 + 9	7 + 5	9 + 6	9 + 7
6 + 7	8 + 6	6 + 9	7 + 4	9 + 2
7 + 9	8 + 9	9 + 3	9 + 8	7 + 6
5 + 7	9 + 5	8 + 4	7 + 8	4 + 9

6 Finde in der Plustafel alle Aufgaben mit dem Ergebnis 13, 15 und 17 und notiere sie.

Welches Ergebnis kommt am häufigsten in der Plustafel vor?

7 Welche Zahl ist es?

Ich denke mir eine Zahl. Ich rechne plus 8 und erhalte 15.

Ich denke mir eine Zahl. Ich rechne plus 6 und erhalte 14.

Ich denke mir eine Zahl. Ich rechne plus 9 und erhalte 17.

Werkzeugkoffer für Rechenwege ⊕ AH S. 53, 54

Werkzeugkoffer helfen dir bei den weißen Aufgaben der Plustafel.

Zur 10 und dann weiter

Verdoppeln

Mit der 10

8 + 9

8 + 9 = ___
8 + 2 + 7 = 17

8 + 9 = ___
8 + 8 + 1 = 17

8 + 9 = ___
8 + 10 − 1 = 17

Mir hilft der gelbe Koffer.

Mir hilft der rote Koffer.

Mir hilft der grüne Koffer.

1 Erkläre die drei Rechenwege.

2 Rechne.

7 + 5 = ___   5 + 8 = ___   8 + 6 = ___
__ + __ + __ = ___   __ + __ + __ = ___   __ + __ + __ = ___

3 Welcher Rechenweg wurde gewählt?
Male den Koffer in der entsprechenden Farbe an.

7 + 8 = ___   8 + 3 = ___   7 + 9 = ___
☐ 7 + 7 + 1 = ___   ☐ 8 + 2 + 1 = ___   ☐ 7 + 10 − 1 = ___

9 + 8 = ___   4 + 8 = ___   8 + 9 = ___
☐ 10 + 8 − 1 = ___   ☐ 4 + 6 + 2 = ___   ☐ 8 + 2 + 7 = ___

6 + 7 = ___   6 + 7 = ___   9 + 6 = ___
☐ 7 + 7 − 1 = ___   ☐ 6 + 4 + 3 = ___   ☐ 10 + 6 − 1 = ___

4 Welchen Rechenweg nutzt du? Male an und rechne.

5 + 6 = ___   9 + 7 = ___   8 + 4 = ___

 5 + 5 + 1 =

6 + 8 = ___   7 + 6 = ___   7 + 4 = ___

___   ___   ___

8 + 7 = ___   6 + 5 = ___   9 + 3 = ___

___   ___   ___

 5 Welchen Rechenweg nutzt du? Rechne.

7 + 6	4 + 7	8 + 9	9 + 7	6 + 8
3 + 9	5 + 8	5 + 6	7 + 8	2 + 9
9 + 6	6 + 7	8 + 4	6 + 5	9 + 4

 Vergleicht eure Rechenwege.

6 Schau den Rechenweg an. Wie heißt die Aufgabe?

6 + 5 = ___   ___   ___

6 + 6 − 1 = ___   10 + 6 − 1 = ___   8 + 8 + 1 = ___

___   ___   ___

5 + 5 + 2 = ___   6 + 10 − 2 = ___   7 + 3 + 5 = ___

 7 Mit oder ohne Werkzeugkoffer? Rechne.

6 + 2	9 + 8	4 + 9	3 + 7
7 + 5	7 + 7	6 + 3	6 + 6
8 + 1	2 + 5	8 + 3	9 + 6

Nicht für alle Aufgaben nutze ich einen Werkzeugkoffer.

Wähle 10 weiße Aufgaben von der Plustafel. Rechne auf deinem Weg.

Minusaufgaben üben

AH S. 56

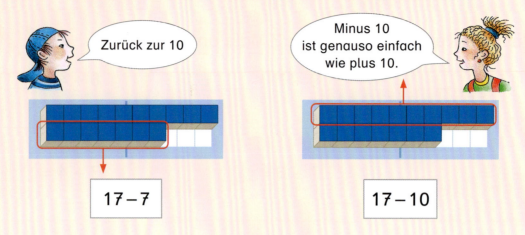

1 Was meinen Justus und Jette? Erkläre.

2 Zurück zur 10: Lege und rechne.

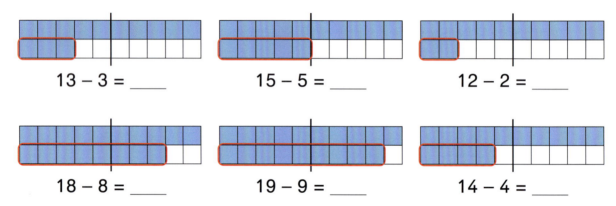

13 – 3 = ___   15 – 5 = ___   12 – 2 = ___

18 – 8 = ___   19 – 9 = ___   14 – 4 = ___

3 Zurück zur 10: Rechne.

18 – 8 = ___   17 – 7 = ___   19 – 9 = ___   15 – 5 = ___

16 – 6 = ___   12 – 2 = ___   14 – 4 = ___   13 – 3 = ___

4 Minus 10: Rechne.

15 – 10 = ___   18 – 10 = ___   12 – 10 = ___   17 – 10 = ___

16 – 10 = ___   14 – 10 = ___   11 – 10 = ___   19 – 10 = ___

5 Zurück zur 10: Rechne.

16 – ___ = 10   18 – ___ = 10   14 – ___ = 10   12 – ___ = 10

19 – ___ = 10   11 – ___ = 10   15 – ___ = 10   17 – ___ = 10

Finde eigene Aufgaben wie bei den Aufgaben 3 und 4.

6 Übe die Zerlegungen.

Das kennst du schon.

Zerlegungen:
- 7 → 3, 4
- 4 → 2, ___
- 6 → 4, ___
- 8 → 5, ___

- 3 → 2, ___
- 8 → 3, ___
- 9 → 2, ___
- 7 → 5, ___
- 6 → 3, ___
- 5 → 4, ___

- 9 → 4, ___
- 4 → 1, ___
- 8 → 6, ___
- 5 → 3, ___
- 7 → 4, ___
- 6 → 2, ___

7 Rechne in Schritten.

17 – 7 – 2 = ___   14 – 4 – 3 = ___   12 – 2 – 5 = ___

15 – 5 – 4 = ___   11 – 1 – 6 = ___   18 – 8 – 1 = ___

13 – 3 – 3 = ___   16 – 6 – 2 = ___   15 – 5 – 2 = ___

11 – 1 – 7 = ___   17 – 7 – 1 = ___   13 – 3 – 5 = ___

8 Wie viel hast du insgesamt abgezogen?

13 – 3 – 5 = 5   12 – 2 – 4 = ___   15 – 5 – 2 = ___
13 – 8 = ___   12 – ___ = ___   15 – ___ = ___

14 – 4 – 2 = ___   16 – 6 – 3 = ___   18 – 8 – 1 = ___
14 – ___ = ___   16 – ___ = ___   18 – ___ = ___

11 – 1 – 3 = ___   17 – 7 – 2 = ___   13 – 3 – 4 = ___
11 – ___ = ___   17 – ___ = ___   13 – ___ = ___

Zur 10 und dann weiter

AH S. 57, 58

14 – 6

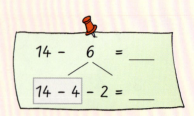

14 – 6 = ___
14 – 4 – 2 = ___

 1 Erkläre, wie Jette rechnet.

in Schritten

Zurück zur 10   14 – 4

2 Rechne bis zur 10 und dann weiter.

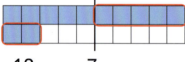 

12 – 7 = ___   11 – 8 = ___   11 – 4 = ___
12 – 2 – 5 = ___   11 – 1 – ___ = ___   11 – ___ – ___ = ___

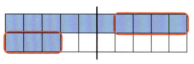 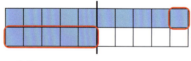

13 – 7 = ___   15 – 6 = ___   16 – 7 = ___
13 – ___ – ___ = ___   15 – ___ – ___ = ___   16 – ___ – ___ = ___

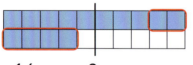 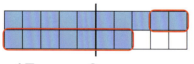 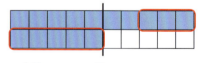

14 – 6 = ___   17 – 9 = ___   15 – 8 = ___
14 – ___ – ___ = ___   17 – ___ – ___ = ___   15 – ___ – ___ = ___

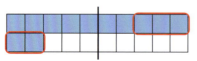 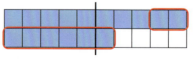 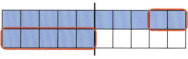

12 – 5 = ___   16 – 8 = ___   15 – 7 = ___
12 – ___ – ___ = ___   16 – ___ – ___ = ___   15 – ___ – ___ = ___

Beilage zum Schülerbuch: Zwanzigerfeld, Zehnerstreifen und Plättchen

3 Lege und rechne.

14 − 8 = __   17 − 8 = __   12 − 4 = __
14 − 4 − 4 = __   17 − __ − __ = __   12 − __ − __ = __

11 − 5 = __   15 − 9 = __   12 − 7 = __
__ − __ − __ = __   __ − __ − __ = __   __ − __ − __ = __

13 − 7 = __   16 − 8 = __   14 − 6 = __
__ − __ − __ = __   __ − __ − __ = __   __ − __ − __ = __

 4 Rechne bis zur 10 und dann weiter.

13 − 5   13 − 8   12 − 7   13 − 4   14 − 8
14 − 7   17 − 9   12 − 5   16 − 9   12 − 6
16 − 7   11 − 6   15 − 9   11 − 5   15 − 7
15 − 8   16 − 8   11 − 4   12 − 4   18 − 9

5 Welche Zahl fehlt?

11 − __ = 7   14 − __ = 9   16 − __ = 8   12 − __ = 4
15 − __ = 8   17 − __ = 9   13 − __ = 6   11 − __ = 3
18 − __ = 9   12 − __ = 7   15 − __ = 6   13 − __ = 8

 6 Welche Zahl ist es?

Welche Zahl muss ich von 11 abziehen, um die Zahl 7 zu erhalten?

Welche Zahl muss ich von 14 abziehen, um die Zahl 5 zu erhalten?

Mit der 10

AH S. 59

13 − 9

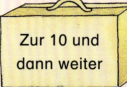

Zur 10 und dann weiter

13 − 9 = ___

13 − 3 − 6 = ___

Mir hilft der gelbe Koffer.

Mit der 10

13 − 9 = ___

13 − 10 + 1 = ___

Bei dieser Aufgabe hilft mir der grüne Koffer.

 1 Wie rechnet Justus? Erkläre.

2 Rechne.

14 − 9 = ___   16 − 9 = ___   17 − 9 = ___

14 − 10 + 1 = ___   16 − 10 + 1 = ___   17 − 10 + 1 = ___

15 − 9 = ___   18 − 9 = ___   12 − 9 = ___

15 − 10 + 1 = ___   18 − 10 + 1 = ___   12 − 10 + 1 = ___

3 Rechne.

15 − 9 = ___   17 − 9 = ___   11 − 9 = ___

15 − 10 + 1 = ___ ___   ___

14 − 8 = ___   13 − 8 = ___   15 − 8 = ___

___   ___   ___

4 Bei welchen Aufgaben hilft der grüne Koffer? Kreuze an.

☐ 15 − 6   ☐ 12 − 8   ☐ 14 − 7   ☐ 12 − 9   ☐ 18 − 8   ☐ 13 − 5

Ergänzen

AH S. 60

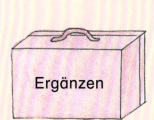

11 − 7

11 − 7 = ___

7 + ___ = 11

Ich ergänze.

 1 Wie rechnet Jette? Erkläre.

2 Rechne.

11 − 7 = ___   13 − 9 = ___   12 − 9 = ___   10 − 8 = ___

7 + ___ = 11   9 + ___ = 13   9 + ___ = 12   8 + ___ = 10

3 Rechne.

12 − 7 = ___   11 − 9 = ___   12 − 8 = ___   13 − 8 = ___

7 + 5 = 12

14 − 8 = ___   13 − 7 = ___   15 − 9 = ___   11 − 8 = ___

4 Grüner oder rosafarbener Koffer? Wähle aus.
Notiere den Rechenweg.

11 − 9 = ___   11 − 8 = ___   15 − 9 = ___

17 − 8 = ___   12 − 7 = ___   12 − 8 = ___

 Finde Aufgaben, die sich für den rosafarbenen Koffer eignen.

Werkzeugkoffer für Rechenwege ⊖   AH S. 61, 62

12 – 9

Zur 10 und dann weiter

12 – 9 = ___
12 – 2 – 7 = ___

Mit der 10

12 – 9 = ___
12 – 10 + 1 = ___

Ergänzen

12 – 9 = ___
9 + ___ = 12

1 Erkläre die Rechenwege.

2 Rechne. 🧰

12 – 4 = ___
___ – ___ – ___ = ___

15 – 8 = ___
___ – ___ – ___ = ___

13 – 6 = ___
___ – ___ – ___ = ___

14 – 6 = ___
___ – ___ – ___ = ___

16 – 9 = ___
___ – ___ – ___ = ___

11 – 5 = ___
___ – ___ – ___ = ___

3 Welcher Rechenweg wurde gewählt?
Male den Koffer in der entsprechenden Farbe an.

12 – 5 = ___
☐ 12 – 2 – 3 = ___

14 – 7 = ___
☐ 14 – 4 – 3 = ___

17 – 9 = ___
☐ 17 – 10 + 1 = ___

11 – 6 = ___
☐ 11 – 1 – 5 = ___

13 – 8 = ___
☐ 8 + ___ = 13

15 – 7 = ___
☐ 15 – 5 – 2 = ___

12 – 9 = ___
☐ 9 + ___ = 12

16 – 9 = ___
☐ 16 – 6 – 3 = ___

16 – 9 = ___
☐ 16 – 10 + 1 = ___

4 Welchen Rechenweg nutzt du? Male an und rechne.

13 − 5 = ___ 15 − 8 = ___ 11 − 7 = ___
🔲 *13 − 3 − 2 =* 🔲 _____ 🔲 _____

14 − 6 = ___ 12 − 7 = ___ 17 − 9 = ___
🔲 _____ 🔲 _____ 🔲 _____

13 − 8 = ___ 13 − 4 = ___ 14 − 7 = ___
🔲 _____ 🔲 _____ 🔲 _____

5 Welchen Rechenweg nutzt du? Rechne.

12 − 8	14 − 7	15 − 9	11 − 9	12 − 4
12 − 6	13 − 9	16 − 7	18 − 9	14 − 9
12 − 9	14 − 6	14 − 8	17 − 8	11 − 7

👥 Vergleicht eure Rechenwege.

6 Schau den Rechenweg an. Wie heißt die Aufgabe?

12 − 6 = _____ _____ _____

12 − 2 − 4 = ___ 17 − 7 − 1 = ___ 14 − 10 + 1 = ___

_____ _____ _____

15 − 5 − 2 = ___ 16 − 10 + 2 = ___ 18 − 8 − 1 = ___

7 Mit oder ohne Werkzeugkoffer? Rechne.

10 − 4	12 − 5	13 − 7	15 − 9
11 − 7	19 − 8	12 − 8	17 − 4
19 − 9	14 − 8	16 − 5	14 − 6

Nicht für alle Aufgaben nutze ich einen Werkzeugkoffer.

Wähle eigene Minusaufgaben. Rechne auf deinem Weg.

Viele verschiedene Türme

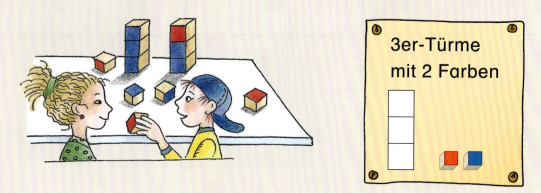

1. Jette und Justus bauen 3er-Türme mit zwei Farben.
Wie kann der nächste Turm aussehen?

2. Baue 3er-Türme mit 🟥 🟦.
Finde alle Möglichkeiten. Ordne und male an.

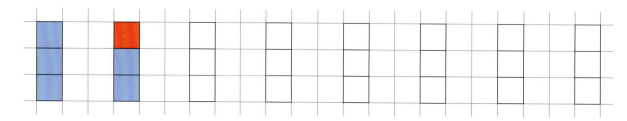

3. Baue 2er-Türme mit 🟥 🟦. Finde alle Möglichkeiten.

4. Baue 2er-Türme mit 🟥 🟦 ⬜. Finde alle Möglichkeiten.

5. Baue 4er-Türme:
Immer zweimal 🟥 🟥, immer einmal 🟦 und ⬜. Male an.

6. Baue 3er-Türme mit 🟥 🟦 ⬜. Finde viele verschiedene Möglichkeiten. Zeichne sie auf.

Alles Zufall?

1 Was vermutest du? Begründe deine Meinung.

2 Würfle mit einem Holzwürfel.
Erstelle eine Strichliste.

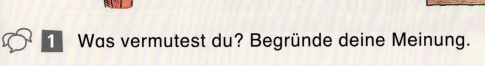

> der Zufall
> am häufigsten
> am seltensten

Welche Farbe hast du am häufigsten gewürfelt?
Vergleicht eure Ergebnisse. Was fällt euch auf?
Tragt eure Ergebnisse zusammen.

3 Würfle mit zwei Holzwürfeln. Erstelle eine Strichliste.

Welche Farbkombination hast du am häufigsten gewürfelt?
Vergleicht eure Ergebnisse. Was fällt euch auf?
Tragt eure Ergebnisse zusammen.

4 Erklärt die Ergebnisse von Aufgabe 2 und 3.

Schaubilder lesen und erstellen

AH S. 63, 64

```
das Säulendiagramm
die Säule
mehr
weniger
gleich viele
```

1 Justus und Jette erstellen mit ihrer Klasse ein Schaubild. Beantworte die folgenden Fragen dazu.

- In welchem Monat haben die meisten Kinder Geburtstag?
- In welchen Monaten hat kein Kind Geburtstag?
- Wie viele Kinder sind in der Klasse 1b?
- In welchen Monaten haben gleich viele Kinder Geburtstag?

2 Erstellt gemeinsam in eurer Klasse ein Schaubild, zum Beispiel zu euren Geburtstagen, Haustieren, Hobbys …

Stellt euch Fragen zu eurem Schaubild.

Alter der Kinder der 1b

	6 Jahre	7 Jahre	8 Jahre
M	4	8	1
J	5	6	1

3 Justus und Jette erstellen mit ihrer Klasse auch dieses Schaubild. Beantworte die folgenden Fragen dazu:

Wie viele 👧 sind 6 Jahre alt? ____

Wie viele 👦 sind 7 Jahre alt? ____

Wie viele 👧👦 sind 6 Jahre alt? ____

Wie viele 👦 sind 8 Jahre alt? ____

Wie viele 👧👦 sind 7 Jahre alt? ____

Wie viele 👧 sind in der Klasse? ____

Wie viele 👦 sind in der Klasse? ____

> die Tabelle
> mehr
> weniger
> gleich viele

4 Wie alt sind die Kinder in eurer Klasse?
Erstellt gemeinsam eine Tabelle an der Tafel.

	6 Jahre	7 Jahre	8 Jahre
M			
J			

Stellt euch Fragen zu eurer Tabelle wie bei Aufgabe 3.

Unser Geld – Cent

AH S. 66

1. Wer hat mehr Geld? Erkläre.

> Cent
> gleich viel wert

2. Wie viel Cent sind es?

3. Gleich viel Cent: Verbinde.

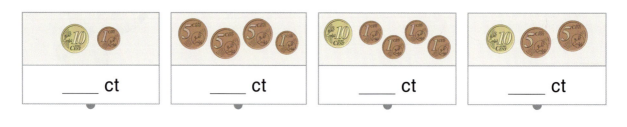

Beilage zum Schülerbuch: Rechengeld

4 Spielt wie Justus und Jette.

5 Immer **zwei** Münzen: Lege und notiere.

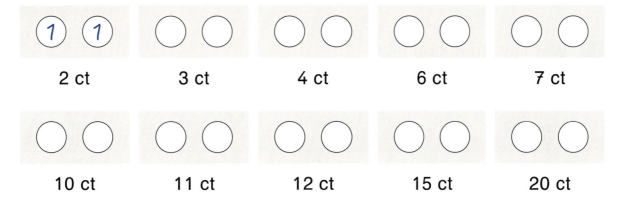

① ①	○ ○	○ ○	○ ○	○ ○
2 ct	3 ct	4 ct	6 ct	7 ct

○ ○	○ ○	○ ○	○ ○	○ ○
10 ct	11 ct	12 ct	15 ct	20 ct

6 Immer **drei** Münzen: Lege und notiere. Vergleiche mit einem Partnerkind.

⑩ ⑤ ①	○○○	○○○	○○○	○○○
16 ct	12 ct	17 ct	20 ct	15 ct

○○○	○○○	○○○	○○○	○○○
11 ct	13 ct	14 ct	___ ct	___ ct

7 Für welche Geldwerte brauchst du mindestens drei Münzen?

| 1 ct | 2 ct | 3 ct | 4 ct | 5 ct | 6 ct | 7 ct | 8 ct | 9 ct | 10 ct | 11 ct | 12 ct | 13 ct | 14 ct | 15 ct |

Lege mit möglichst wenigen Münzen. Schreibe oder zeichne.

| 10 ct | 11 ct | 12 ct | 13 ct | 14 ct | 15 ct | 16 ct | 17 ct | 18 ct | 19 ct | 20 ct |

Unser Geld – Euro

AH S. 67

1 Euro   2 Euro   5 Euro   10 Euro   20 Euro
1 €   2 €   5 €   10 €   20 €

1 Hat Fredo recht? Begründe.

„Ich habe am wenigsten."

2 Wie viel Euro sind es?

____ €   ____ €   ____ €   ____ €

3 Wie viel Euro sind es?

____ €   ____ €   ____ €   ____ €

____ €   ____ €   ____ €   ____ €

4 Wie viel Euro sind es?

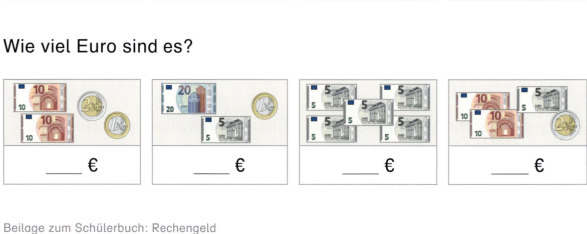

____ €   ____ €   ____ €   ____ €

Beilage zum Schülerbuch: Rechengeld

5 Lege und male.

10 €	11 €	15 €	6 €

6 Lege und male. Vergleiche mit einem Partnerkind.

7 €	9 €	16 €	12 €
14 €	8 €	13 €	20 €

7 Welche Scheine und Münzen fehlen? Trage ein.

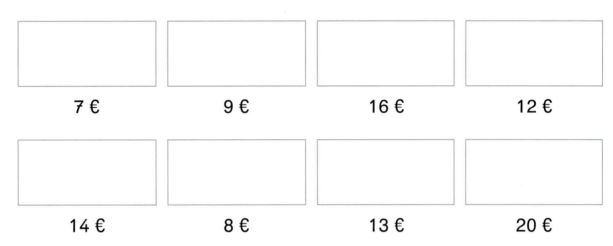

7 €   9 €   13 €   18 €

8 Welche Scheine und Münzen sind es? Trage ein.

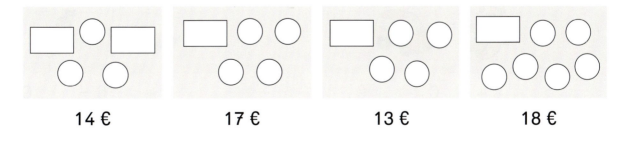

14 €   17 €   13 €   18 €

Immer 20 €: Male oder schreibe verschiedene Möglichkeiten auf.

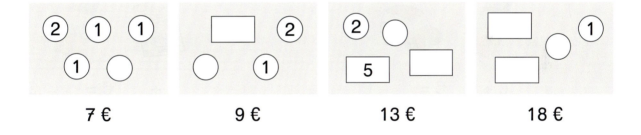

10   10   oder   1 0 € + 1 0 €

Einkaufen und bezahlen

AH S. 68, 69

1 Erzähle zum Bild. Spiele mit einem Partnerkind.

2 Wie viel kostet es zusammen?

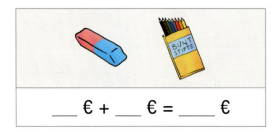

___ € + ___ € = ____ €

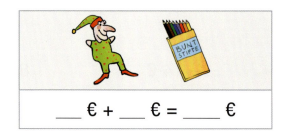

___ € + ___ € = ____ €

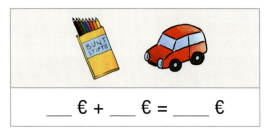

___ € + ___ € = ____ €

___ € + ___ € = ____ €

3 Wie viel kostet es zusammen?

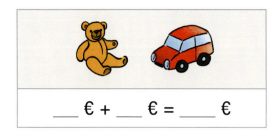

___ € + ___ € = ____ €

___ € + ___ € = ____ €

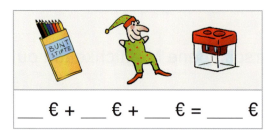

___ € + ___ € + ___ € = ____ €

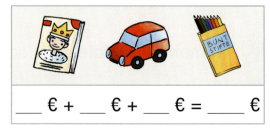

___ € + ___ € + ___ € = ____ €

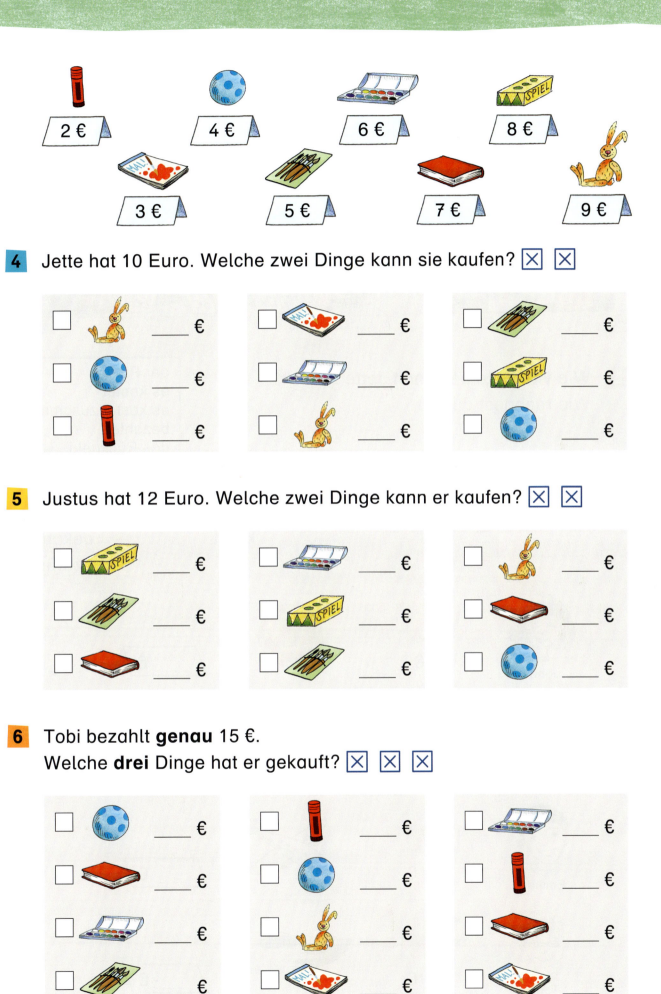

Bezahlen und Rückgeld

AH S. 70, 71

10 € − 6 € = __ €

6 € + __ € = 10 €

1 Wie viel Geld bekommt Jette zurück?
Wie rechnest du?

> der Preis
> es kostet
> es kostet zusammen
> bezahlen
> das Rückgeld

2 Wie viel Geld bekommen die Kinder zurück?

	hat	kauft		bekommt zurück
Jana	10 €	(Ball)	__ €	__ €
Olga	__ €	(Märchenbuch)	__ €	__ €
Emilio	__ €	(Flugzeug)	__ €	__ €
Tobi	__ €	(Schiff)	__ €	__ €

108

3 Wie viel Geld bekommen die Kinder zurück?

	hat	kauft		bekommt zurück
Kim	___ €	___ € ___ € zusammen: ___ €		___ €
Fabian	___ €	___ € ___ € zusammen: ___ €		___ €
Pia	___ €	___ € ___ € zusammen: ___ €		___ €

4 Was haben die Kinder noch gekauft? Male oder schreibe.

Jette	___ €	___ € ___ € zusammen: ___ €		___ €
Justus	___ €	___ € ___ € zusammen: ___ €		___ €

Male und rechne:

Du hast 20 € und kaufst ein. Wie viel Euro bekommst du zurück?

Du bekommst 3 € zurück. Was hast du gekauft? Wie viel Euro hattest du am Anfang?

Einkaufsgeschichten dokumentieren

Die Rollen: Verkäuferin Käufer Fotograf Regisseurin

Ein Preis ist nicht zu sehen.

 1 Erkläre die Rollen der Kinder.

die Rolle
das Foto
die Szene

2 Diese Fotos haben die Kinder gemacht.
Erzähle eine Einkaufsgeschichte zu den Fotos und rechne.

3 Erzähle die Einkaufsgeschichte zu der Bildfolge.
Klappt das bei jeder Bildfolge? Begründe.

Welche Informationen brauchst du für eine Einkaufsgeschichte?

 4 Erstellt eine Einkaufsgeschichte:

- Baut einen eigenen Verkaufsstand auf.
- Verteilt die Rollen.
- Spielt einkaufen und fotografiert die wichtigsten Szenen.
- Überprüft eure Bildfolge: Habt ihr an alles gedacht?
- Präsentiert eure Einkaufsgeschichte.

Uhrzeiten ablesen

AH S. 72, 73

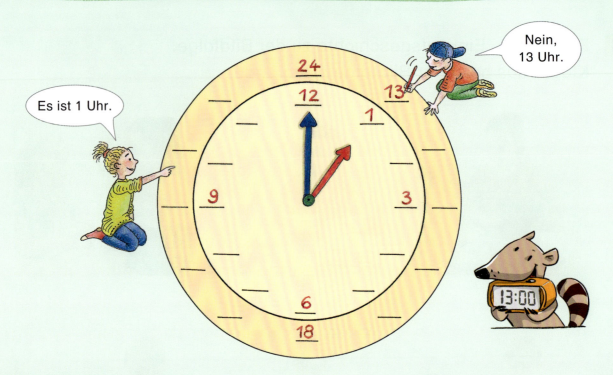

1 Wer hat recht?

2 Vervollständige die Uhr.

die **Uhrzeit**
der **Stundenzeiger**
der **Minutenzeiger**

3 Wie spät ist es?

_5_ Uhr   ___ Uhr   ___ Uhr   ___ Uhr   ___ Uhr   ___ Uhr

_17_ Uhr ___ Uhr   ___ Uhr   ___ Uhr   ___ Uhr   ___ Uhr

4 Nehmt eure Lernuhr und übt zu zweit.
Ein Kind nennt eine Uhrzeit, das andere Kind stellt sie ein.

5 Trage den Stundenzeiger ein.

02:00   06:00   10:00   03:00   11:00

Beilage zum Schülerbuch: Lernuhr

6 Trage die Zeiger ein.

7 Welche Uhrzeit passt?

☐ 07:00 ☐ 19:00

☐ 11:00 ☐ 23:00

☐ 04:00 ☐ 16:00

☐ 01:00 ☐ 13:00

☐ 06:00 ☐ 18:00

☐ 09:00 ☐ 21:00

8 Justus und Jette haben um 16 Uhr Fußballtraining. Das Training dauert 2 Stunden. Um wie viel Uhr endet es?

____ Uhr

Urwaldparty – Informationen entnehmen

Schau die Bilder genau an und trage die passenden Zahlen ein.

1 Fredo macht eine Party im Urwald. Er stellt ____ Hocker auf.

2 Fredo angelt Seerosen.

Er hat die Seerosen mit den

Nummern ____ und ____ geangelt.

3 Die Tiere stärken sich an der Bananenkette.

____ Bananen sind schon aufgegessen.

____ Bananen hängen noch daran.

4 Frida kegelt.

Sie hat ____ Kegel umgeworfen.

5 Fips schießt auf die Zielscheibe.

Er hat insgesamt ____ Punkte.

6 Die Tiere haben Durst.

Auf dem Tisch stehen

____ Ananaslimos und

____ Kokosnusslimos.

7 Als es dunkel wird, leuchten die Glühwürmchen in den Laternen.

____ Laternen leuchten nicht.

Die Glühwürmchen schlafen noch.

8 Zum Schluss machen alle Tiere zusammen Musik.

Es spielen

____ Trompeten,

____ Trommeln und

____ Rasseln.

Schulhof – fragen und rechnen

AH S. 74

💬 **1** Erzähle.

✏️ **2** Welche Fragen kannst du mithilfe des Bildes sicher beantworten?

☐ Wie viele Kinder sind auf dem Kletternetz? _____

☐ In welche Klasse gehen die Kinder? _____

☐ Welche Farbe hat die Rutsche? _____

☐ Wie viele Bäume stehen auf dem Schulhof? _____

☐ Wie viele Bälle siehst du? _____

☐ Warum gibt es kein Trampolin? _____

☐ Wie spät ist es? _____

☐ Wer gewinnt beim Fußball? _____

☐ Wie viele Kinder sind im Sandkasten? _____

👥 Vergleicht eure Antworten.

📖 Finde selbst Fragen zum Bild. Schreibe sie auf.

3 Setze die fehlenden Zahlen ein. Rechne.

____ Jungen und

____ Mädchen spielen gemeinsam Fußball.

____ + ____ = ____

Im Bällekorb waren ____ Bälle.

Die Kinder haben ____ Bälle herausgenommen.

____ − ____ = ____

 4 Finde zu jeder Aufgabe das passende Bild. Verbinde und rechne.

   5 − 1 = ____

           5 + 2 = ____

   9 + 8 = ____

           15 + 3 = ____

   12 − 4 = ____

           8 + 3 = ____

117

Wiese – Rechenfragen zuordnen

AH S. 75

Auf der Wiese sind 13 gelbe und 3 weiße Blumen.

Wie viele gelbe Blumen sind es?

Wie viele Blumen sind es insgesamt? 13 +

Bei dieser Frage muss ich rechnen.

die Frage
die Rechenfrage
die Rechnung

1 Erkläre, was Jette meint.

2 Bei welcher Frage musst du rechnen? Kreuze an und rechne.

Auf einer Blume sind 7 Raupen.
2 Raupen krabbeln dazu.

☐ Wie viele Raupen sind es zusammen?

☐ Wie viele Raupen krabbeln dazu?

3 Bei welcher Frage musst du rechnen? Kreuze an und rechne.

8 Bienen sitzen auf den Blüten.
6 Bienen fliegen dazu.

☐ Wie viele Bienen fliegen dazu?

☐ Wie viele Bienen sind es zusammen?

Von den 15 Blumen auf der Wiese sind schon 6 verblüht.

☐ Wie viele Blumen sind schon verblüht?

☐ Wie viele Blumen blühen noch?

4 Finde selbst eine **Rechenfrage** zu der Geschichte. Schreibe sie auf und rechne.

Ina hat 16 Blumen. 8 davon schenkt sie ihrer Freundin Susi.

Strand – Antworten finden

AH S. 75

> Am Strand liegen 3 blaue und 2 rote Boote.
> Wie viele Boote sind es zusammen?
>
> 3 + 2 = 5
>
> 5 Boote sind es zusammen.

Zu einer Rechenfrage gehören eine Rechnung und eine passende Antwort.

1 Erkläre, was Fredo meint.

die Rechenfrage
die Rechnung
die Antwort

Rechne. Welche Antwort passt? Kreuze an.

2 3 Boote sind im Wasser. 5 Boote liegen am Strand. Wie viele Boote sind es insgesamt?

☐ ____ Boote sind es insgesamt.
☐ ____ Boote sind im Wasser.

3 Jette hat 14 Muscheln im Eimer. Justus hat 5 Muscheln mehr. Wie viele Muscheln hat Justus?

☐ ____ Muscheln hat Justus.
☐ ____ Muscheln hat Jette.

Auf dem Steg sitzen zuerst 17 Möwen. Dann fliegen 4 Möwen weg. Wie viele Möwen sind noch da?

☐ ____ Möwen fliegen weg.
☐ ____ Möwen sind noch da.

4 Anna findet 16 Steine. Tom hat nur halb so viele. Wie viele Steine haben sie zusammen?

☐ ____ Steine hat Tom.
☐ ____ Steine haben sie zusammen.

Badesee – Sachaufgaben lösen

AH S. 76

1 Du verbringst einen Tag am Strand. Du hast 5 €. Was kaufst du dir?

2 Kim kauft 1 Flasche Saft und 1 Becher Wasser.
Wie viel Euro muss Kim bezahlen?

____ € + ____ € = ____ €

Kim muss ____ € bezahlen.

3 Pia kauft 2 Muffins und 1 Becher Wasser.
Wie viel Euro muss Pia bezahlen?

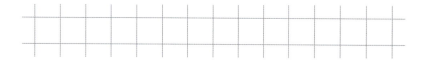

Pia muss ____ € bezahlen.

4 Jette kauft 3 Pizzen, 1 Becher Wasser und 2 Säfte.
Wie viel Euro muss Jette bezahlen?

Jette muss ____ € bezahlen.

5 Olga kauft 1 Kugel Eis.
Wie viel Euro bekommt Olga zurück?

____ € – ____ € = ____ €

Olga bekommt ____ € zurück.

6 Luis kauft 2 Würstchen und 1 Becher Wasser.
Wie viel Euro bekommt Luis zurück?

Luis bekommt ____ € zurück.

7 Ben kauft 1 Pizza und 2 Säfte.
Wie viel Euro bekommt Ben zurück?

Ben bekommt ____ € zurück.

8 Familie Müller möchte 2 Stunden
Tretboot fahren. Reicht das Geld?

Finde selbst Rechengeschichten mit Frage, Rechnung und Antwort zum Bild.

Rechenmauern bis 10

AH S. 78

1 Kannst du Jette helfen? Erkläre.

2 Welcher Zielstein passt?

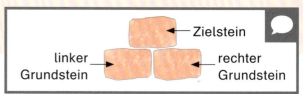

3 Welche Zahl steht im Zielstein?

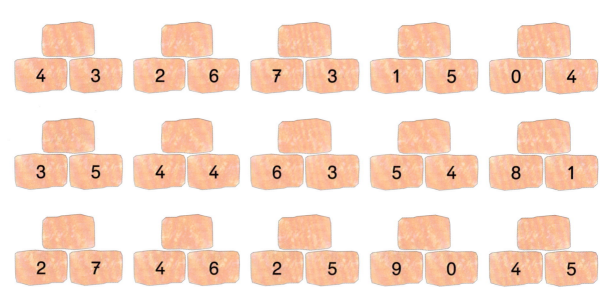

4 Welche Zahl steht im Grundstein?

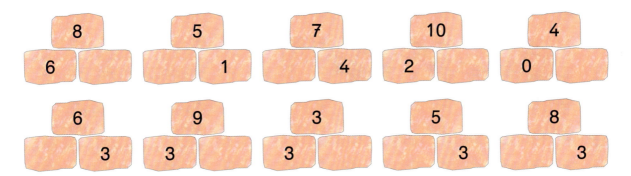

5 Was fällt dir auf? Erkläre und ergänze.

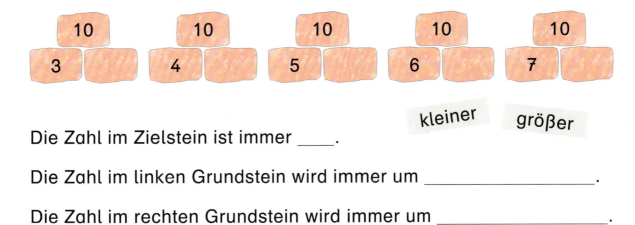

kleiner   größer

Die Zahl im Zielstein ist immer ____.

Die Zahl im linken Grundstein wird immer um _____.

Die Zahl im rechten Grundstein wird immer um _____.

6 Wie geht es weiter? Trage ein.

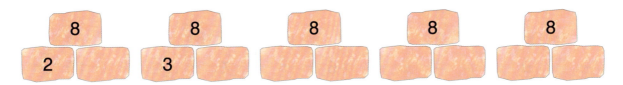

7 Baue mit diesen Steinen zwei Rechenmauern.
Du darfst jeden Stein nur einmal verwenden.

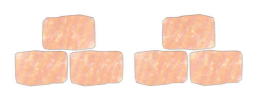

Finde verschiedene Mauern mit diesem Zielstein.

Rechenmauern bis 20

AH S. 79

der Zielstein
die mittlere Reihe
der Grundstein
der linke Grundstein
der mittlere Grundstein
der rechte Grundstein

1 Wie macht Jette weiter? Erkläre.

2 Trage die fehlenden Zahlen ein.

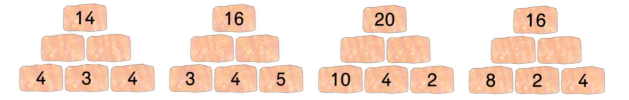

3 Trage die fehlenden Zahlen ein.

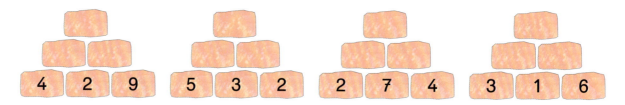

4 Trage die fehlenden Zahlen ein.

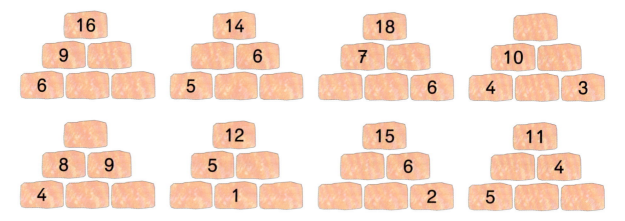

Kontrolliere: Rechne von unten nach oben.

Finde selbst Rechenmauern.

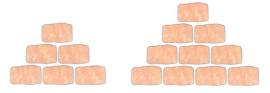

Der höchste Zielstein gewinnt

AH S. 79

 1 Spielt das Spiel „Mauerkönig".

2 Setze die Zahlen so ein, dass du gewinnst.

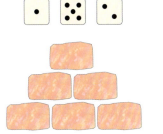      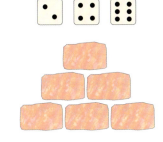

3 Baue verschiedene Mauern mit den Grundsteinen 2 4 7.
Vergleiche die Mauern. Was fällt dir auf?

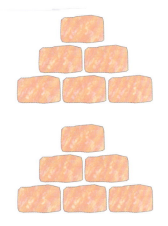   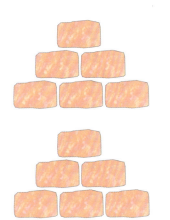   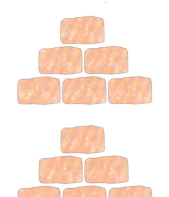

4 Knobelmauern: Probiere.

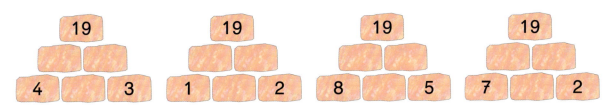

Entdeckerpäckchen (+)

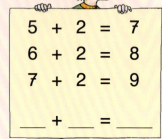

"Die 1. Zahl wird immer um 1 größer."

"Hier bleibt die 1. Zahl immer gleich."

"Und was ist mit meinem Päckchen?"

```
5 + 2 = 7
6 + 2 = 8
7 + 2 = 9
__ + __ = __
```

```
5 + 8 = 13
5 + 7 = 12
5 + 6 = 11
__ + __ = __
```

```
13 + 1 = 14
12 + 2 = 14
11 + 3 = 14
__ + __ = __
```

1 Entdeckerpäckchen:
Was fällt dir auf? Wie geht es weiter?

2 Wie geht es weiter? Rechne.

6 + 1 = ___   5 + 5 = ___
6 + 2 = ___   5 + 4 = ___
6 + 3 = ___   5 + 3 = ___
__ + __ = ___ __ + __ = ___

Plusaufgaben
Die erste Zahl … 6 + 1 = 7
Die zweite Zahl … 6 + = 7
Das Ergebnis … 6 + 1 = 7
… wird immer um ___ größer.
… wird immer um ___ kleiner.
… bleibt immer gleich.

3 Wie geht es weiter? Rechne.

12 + 5 = ___   15 + 3 = ___   7 + 4 = ___
11 + 5 = ___   14 + 4 = ___   7 + 5 = ___
10 + 5 = ___   13 + 5 = ___   7 + 6 = ___
___ + __ = ___ ___ + __ = ___ __ + __ = ___

4 Wie geht es weiter? Rechne.

2 + ___ = 15   ___ + 2 = 20
3 + ___ = 15   ___ + 3 = 20
4 + ___ = 15   ___ + 4 = 20
__ + ___ = 15   ___ + 5 = 20

5 Finde ein Päckchen, bei dem das Ergebnis immer gleich bleibt.

Finde eigene Entdeckerpäckchen mit Plusaufgaben.

Entdeckerpäckchen −

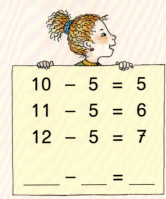
10 − 5 = 5
11 − 5 = 6
12 − 5 = 7
___ − ___ = ___

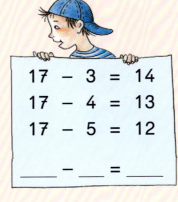
17 − 3 = 14
17 − 4 = 13
17 − 5 = 12
___ − ___ = ___

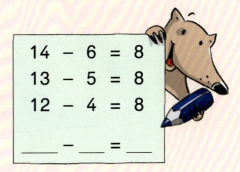
14 − 6 = 8
13 − 5 = 8
12 − 4 = 8
___ − ___ = ___

 1 Entdeckerpäckchen:
Was fällt dir auf? Wie geht es weiter?

2 Wie geht es weiter? Rechne.

8 − 1 = ___
8 − 2 = ___
8 − 3 = ___
___ − ___ = ___

10 − 3 = ___
9 − 3 = ___
8 − 3 = ___
___ − ___ = ___

> Minusaufgaben
> Die erste Zahl … 8 − 1 = 7
> Die zweite Zahl … 8 − 1 = 7
> Das Ergebnis … 8 − 1 = 7
> … wird immer um ___ größer.
> … wird immer um ___ kleiner.
> … bleibt immer gleich.

3 Wie geht es weiter? Rechne.

19 − 4 = ___
19 − 5 = ___
19 − 6 = ___
___ − ___ = ___

17 − 6 = ___
18 − 6 = ___
19 − 6 = ___
___ − ___ = ___

17 − 3 = ___
16 − 4 = ___
15 − 5 = ___
___ − ___ = ___

4 Wie geht es weiter? Rechne.

12 − ___ = 7
13 − ___ = 7
14 − ___ = 7
___ − ___ = 7

___ − 2 = 12
___ − 3 = 12
___ − 4 = 12
___ − 5 = 12

 5 Finde ein Päckchen, bei dem das Ergebnis immer gleich bleibt.

Finde eigene Entdeckerpäckchen mit Minusaufgaben.

Rechendreiecke bis 10

AH S. 80

1 Wie können Justus und Jette die 5 Würfel noch verteilen?
Finde 3 Möglichkeiten.

2 Rechne.

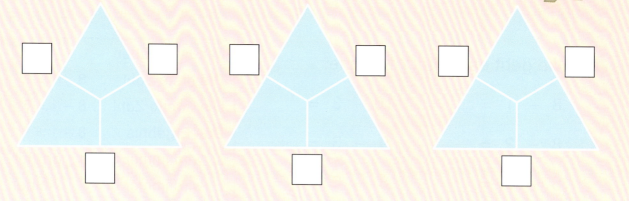

3 Rechne.

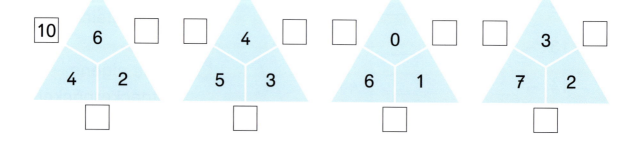

4 Lege und rechne.

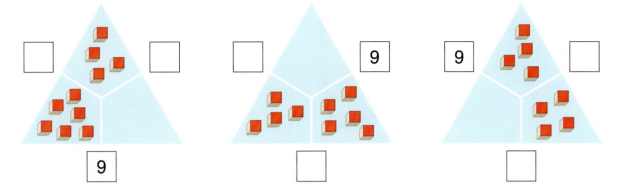

5 Rechne.

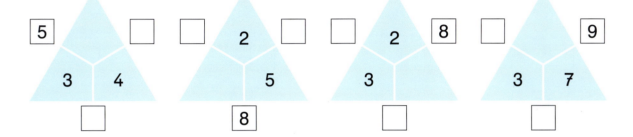

6 Rechne.

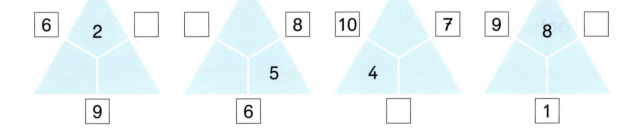

7 Fredo verschiebt den blauen Würfel. Welche Außenzahlen ändern sich? Erkläre.

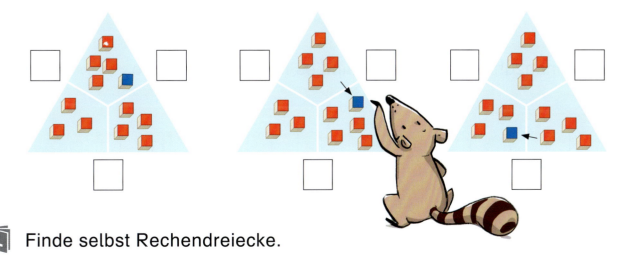

Finde selbst Rechendreiecke.

Rechendreiecke bis 20

AH S. 81

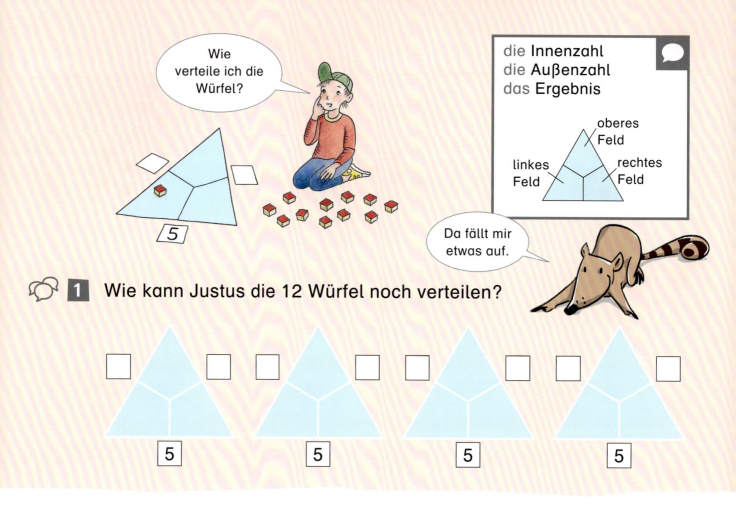

1 Wie kann Justus die 12 Würfel noch verteilen?

2 Zusammen sind es immer 15 Würfel. Lege und rechne.

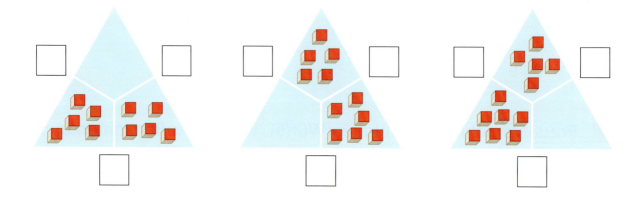

3 Innenzahlen: Zusammen sind es immer 15. Rechne.

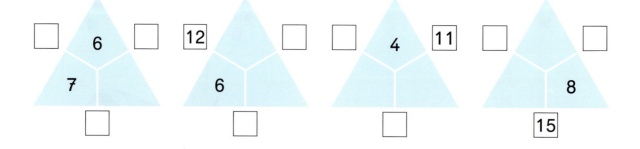

4 Innenzahlen: Zusammen sind es immer 15. Probiere.

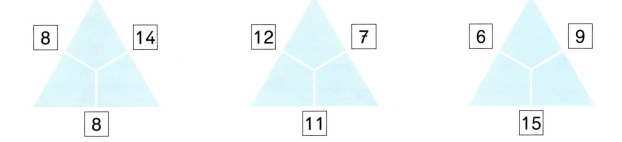

5 Zähle die roten Innenzahlen zusammen.
Zähle die blauen Außenzahlen zusammen. Was fällt dir auf?

5 + 2 + 3 = ___   4 + __ + __ = ___   __ + __ + __ = ___
7 + 5 + 8 = ___   6 + __ + __ = ___   __ + __ + __ = ___

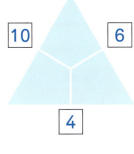 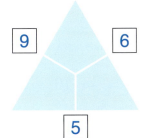 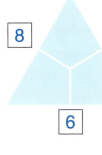 

6 Probiere mit 10 Würfeln.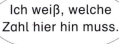

Ich weiß, welche Zahl hier hin muss.

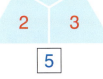

7 Trage die sechs Zahlen passend ein.

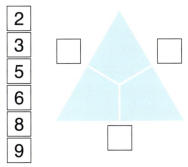 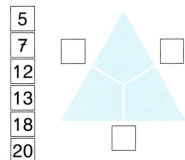

📖 Erfinde eigene Aufgaben zum Rechendreieck.

131

Mathe-Lexikon

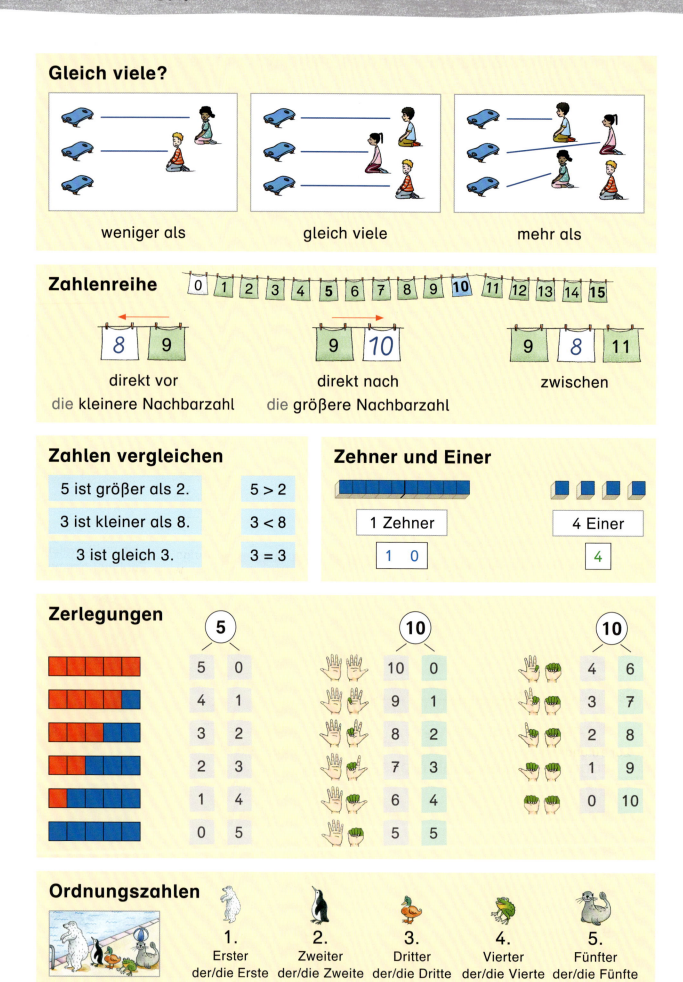

Plusaufgaben und Minusaufgaben

	plus (dazulegen)	minus (wegnehmen)	ist gleich
Rechenzeichen:	+	–	=

Tauschaufgaben

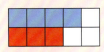

4 + 3 = 7   die Aufgabe

3 + 4 = 7   die Tauschaufgabe

Die Zahlen werden getauscht, das Ergebnis bleibt gleich.

Umkehraufgaben

10 – 4 = 6   die Aufgabe   3 + 4 = 7

6 + 2 = 10   die Umkehraufgabe   7 – 4 = 3

Das Rechenzeichen wechselt.

Plustafel

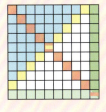

8 + 2   Partneraufgaben   3 + 5   einfache Aufgaben

4 + 4   Verdopplungsaufgaben

10 + 3   6 + 10   Aufgaben mit 10   8 + 9   schwierige Aufgaben

Für weiße Aufgaben nutze ich einen Werkzeugkoffer.

Werkzeugkoffer für Rechenwege

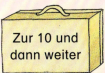 Zur 10 und dann weiter

8 + 7 = ___
8 + 2 + 5 = 15

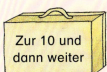 Zur 10 und dann weiter

15 – 8 = ___
15 – 5 – 3 = 7

 Mit der 10

7 + 9 = ___
7 + 10 – 1 = 16

 Mit der 10

14 – 9 = ___
14 – 10 + 1 = 5

 Verdoppeln

6 + 7 = ___
6 + 6 + 1 = 13

 Ergänzen

11 – 7 = ___
7 + ___ = 11

Mathe-Lexikon

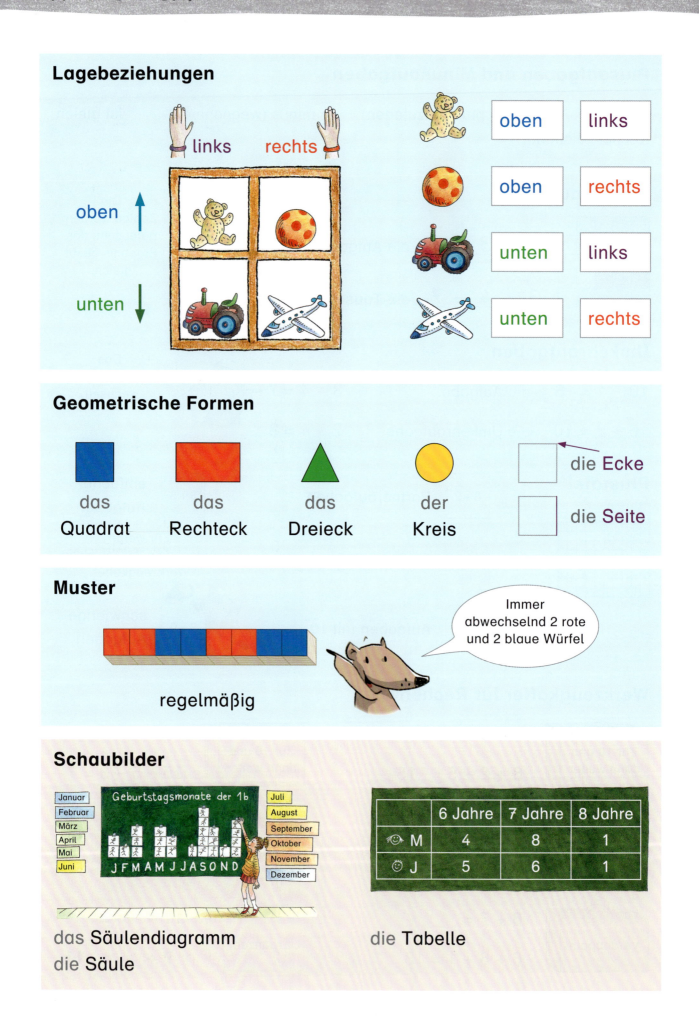

Geld: Cent

1 Cent	2 Cent	5 Cent	10 Cent	20 Cent	50 Cent
1 ct	2 ct	5 ct	10 ct	20 ct	50 ct

Geld: Euro

1 Euro	2 Euro	5 Euro	10 Euro	20 Euro
1 €	2 €	5 €	10 €	20 €

Einkaufen

der Preis   das Rückgeld

Der Ball kostet 3 €. | Es kostet zusammen 7 €. | Jana bezahlt mit 10 €. | Jana bekommt 3 € zurück.

Uhr

der Stundenzeiger   7 Uhr   07:00

der Minutenzeiger   19 Uhr   19:00

Rechengeschichten

Zu einem Bild eine passende Aufgabe notieren:

5 − 2 = 3

Zu einer Rechenfrage eine passende Rechnung und Antwort notieren:

Auf der Wiese sind 8 gelbe und 4 weiße Blumen.
Frage: Wie viele Blumen sind es insgesamt?
Rechnung: 8 + 4 = 12
Antwort: 12 Blumen sind es insgesamt.

Plustafel zum Anmalen

1+1	1+2	1+3	1+4	1+5	1+6	1+7	1+8	1+9	1+10
2+1	2+2	2+3	2+4	2+5	2+6	2+7	2+8	2+9	2+10
3+1	3+2	3+3	3+4	3+5	3+6	3+7	3+8	3+9	3+10
4+1	4+2	4+3	4+4	4+5	4+6	4+7	4+8	4+9	4+10
5+1	5+2	5+3	5+4	5+5	5+6	5+7	5+8	5+9	5+10
6+1	6+2	6+3	6+4	6+5	6+6	6+7	6+8	6+9	6+10
7+1	7+2	7+3	7+4	7+5	7+6	7+7	7+8	7+9	7+10
8+1	8+2	8+3	8+4	8+5	8+6	8+7	8+8	8+9	8+10
9+1	9+2	9+3	9+4	9+5	9+6	9+7	9+8	9+9	9+10
10+1	10+2	10+3	10+4	10+5	10+6	10+7	10+8	10+9	10+10

- ☐ Partneraufgaben: zusammen 10
- ☐ Verdopplungsaufgaben
- ☐ Aufgaben mit + 10
- ☐ Aufgaben mit 10 +